Panorama des comptes nationaux 2015

Cet ouvrage est publié sous la responsabilité du Secrétaire général de l'OCDE. Les opinions et les interprétations exprimées ne reflètent pas nécessairement les vues officielles des pays membres de l'OCDE.

Ce document et toute carte qu'il peut comprendre sont sans préjudice du statut de tout territoire, de la souveraineté s'exerçant sur ce dernier, du tracé des frontières et limites internationales, et du nom de tout territoire, ville ou région.

Merci de citer cet ouvrage comme suit :
OCDE (2016), *Panorama des comptes nationaux 2015*, Éditions OCDE.
http://dx.doi.org/10.1787/na_glance-2015-fr

ISBN 978-92-64-25047-5 (imprimé)
ISBN 978-92-64-25048-2 (PDF)

Collection : Panorama des comptes nationaux
ISSN 2220-1874 (imprimé)
ISSN 2220-1882 (en ligne)

Les données statistiques concernant Israël sont fournies par et sous la responsabilité des autorités israéliennes compétentes. L'utilisation de ces données par l'OCDE est sans préjudice du statut des hauteurs du Golan, de Jérusalem-Est et des colonies de peuplement israéliennes en Cisjordanie aux termes du droit international.

Crédits photo : Couverture © Yahia LOUKKAL – Fotolia.com.

Les corrigenda des publications de l'OCDE sont disponibles sur : *www.oecd.org/about/publishing/corrigenda.htm*.

Avant-propos

Cette publication de 2015 présente des données sous forme d'indicateurs et privilégie les comparaisons entre pays. L'objectif est de rendre les comptes nationaux plus accessibles et plus informatifs et dans un même temps de fournir les informations les plus pertinentes concernant les définitions et les problèmes de comparabilité inhérents à chaque indicateur. La publication 2015 est une version abrégée de la publication régulière comme elle ne présente que des tableaux et des métadonnées. La prochaine édition complète sortira en 2016.

L'éventail des indicateurs a volontairement été établi de façon assez large afin de refléter la richesse des Bases de données de l'OCDE sur les comptes nationaux. Cette large sélection a également pour objet d'inciter les utilisateurs à porter leur attention sur d'autres indicateurs que le célèbre PIB. Certains travaux récents ont joué un rôle déterminant dans le choix des indicateurs. Le rapport de la commission sur la mesure des performances économiques et du progrès social (Commission Stiglitz-Sen-Fitoussi) est un exemple particulièrement marquant.

Ceci ne doit pas conduire à diminuer l'importance du PIB, qui reste incontestablement la principale et la meilleure mesure de l'activité économique globale ; mais d'autres indicateurs peuvent être mieux adaptés pour rendre compte de certains aspects de l'économie. Par exemple, le revenu national net peut être considéré comme une meilleure mesure du revenu disponible des citoyens d'un pays avec la prise en compte des revenus de la propriété et des transferts de fonds avec les pays étrangers et le revenu disponible ajusté des ménages par tête peut être considéré comme un indicateur permettant de mieux mesurer le bien-être matériel. Mais il reste encore beaucoup à faire en particulier du point de vue des statistiques. La Commission Stiglitz-Sen-Fitoussi a mis en évidence la nécessité pour les instituts statistiques nationaux de produire des données plus détaillées qui reflètent mieux les modalités de distribution par activité – ceci concerne essentiellement les revenus– et de développer les comptes nationaux afin qu'ils prennent en compte les services non marchands produits par les ménages ainsi que les loisirs. Nous espérons qu'en produisant cette publication, une telle prise de conscience et la dynamique qui en découle seront renforcées. Le contenu de la publication évoluera avec le temps et de nouveaux indicateurs seront ajoutés dès que ceux-ci deviendront disponibles.

La publication est divisée en huit chapitres : le premier fournit une introduction générale et met l'accent sur les indicateurs dérivés du PIB. Le second chapitre concerne les revenus et présente des indicateurs comme le revenu disponible national, l'épargne des ménages et la capacité ou le besoin de financement. Le troisième chapitre s'intéresse aux indicateurs en relation avec l'approche par la dépense du PIB et contient des informations sur les principales composantes de la demande et des importations. Le quatrième chapitre présente des indicateurs dans une perspective de production. Le cinquième chapitre, concerne les ménages, et est publié pour la première fois. Il fournit une approche plus détaillée des indicateurs du secteur des ménages. Le sixième chapitre se focalise sur les administrations publiques et il présente plusieurs indicateurs tels que les dépenses totales des administrations publiques ou leur dette brute. Le septième chapitre, qui est lui aussi nouveau, explore la santé des sociétés. Le huitième et dernier chapitre présente les données de capital. Enfin, les annexes fournissent une sélection de séries de référence qui sont importantes en tant que telles mais aussi parce qu'elles sont utilisées dans le calcul de la plupart des indicateurs présentés ailleurs dans la publication. Les annexes contiennent également des éléments d'information concernant le Système de comptabilité nationale 2008 qui est la base de travail de cette publication. À l'exception du Chili, du Japon et de la Turquie pays dont les indicateurs se fondent sur le Système de comptabilité nationale 1993 (SCN 1993). Il est important de noter cependant que les différences entre le SCN 2008 et le SCN 1993 n'ont pas d'impact significatif sur la comparabilité de la plupart des indicateurs présentés dans cette publication. L'annexe à la fin de cette publication décrit les changements principaux par rapport au SCN 1993 susceptibles d'avoir un impact sur les indicateurs présentés.

Table des matières

Guide du lecteur

Présentation et contenu

Exceptionnellement, cette publication n'est qu'une version réduite des éditions précédentes, elle ne contient que des tableaux à jour. Les textes accompagnant les indicateurs sont accessibles via le lien indiqué sous chaque tableau.

SCN 2008 – Principaux changements par rapport au SCN 1993

Depuis 2014, la plupart des pays de l'OCDE présentent les données conformes au SCN 2008, à l'exception du Chili, du Japon et de la Turquie qui utilisent encore le SCN 1993. Les données de cette publication sont conformes aux définitions du SCN 2008 « Système de comptabilité nationale 2008 » pour la plupart des pays. Les changements les plus importants par rapport à la version du SCN 1993 sont présentés dans l'annexe.

Changements affectant le PIB, suite à l'introduction du SCN 2008

L'introduction du SCN 2008 et des révisions majeures de référence ont augmenté le niveau du PIB de l'OCDE total de 3.8 pour cent en 2010. C'est la raison pour laquelle tous les indicateurs dont le dénominateur est le PIB sont touchés. Dans certains cas, le numérateur et le dénominateur ont été révisés et par conséquence, il y aura seulement une révision mineure de l'indicateur par rapport à ce qui a été publié l'année précédente. Il est important de noter que, comme le niveau du PIB était révisé pour toutes les années, l'adoption du SCN 2008 n'a pas affecté beaucoup les taux de croissance.

Les pays profitent également de la mise en place de ces révisions méthodologiques majeures pour améliorer leurs méthodes de compilation et introduisent des nouvelles techniques d'estimation ou de nouvelles sources. Dans certains pays l'impact des changements observés dus à de meilleures méthodes de compilation (révisions statistiques) peut être supérieur à celui des révisions méthodologiques du SCN 2008. Par exemple, les Pays-Bas ont augmenté leur PIB de 7.6 pour cent en 2010, mais seulement 3 points sont dus à l'adoption du SCN 2008.

Plus d'information sur les changements de SCN 2008 (en anglais) : *http://www.oecd.org/std/na/new-standards-for-compiling-national-accounts-SNA2008-OECDSB20.pdf*

Questionnaires et sources des données

Sauf indication contraire, les données sont envoyées à l'OCDE par les pays au moyen de questionnaires standardisés.

Conventions statistiques

- Tous les taux de croissance sont obtenus à partir des données aux prix constants (ou en valeurs réelles).
- Les rapports, pourcentages et répartitions sont calculés à partir des données aux prix courants.

- La contribution de Y à la croissance de X (Y étant une composante de X) est définie comme le taux de croissance de Y (aux prix constants chaînés ou en base fixe ou aux prix de l'année précédente) pondéré par le poids de Y dans X aux prix courants (au cours de la période précédente t-1).

Signes et abréviations

.. Valeurs manquantes, non définies ou non fournies.

e Estimations du Secrétariat de l'OCDE.

| Rupture.

Pays et zones

Dans la plupart des cas, les données sont disponibles pour l'ensemble des pays de l'OCDE. Lorsqu'une donnée est manquante ou lorsqu'une donnée n'a pas été envoyée à l'OCDE, des estimations ont été produites autant que possible.

Total OCDE

Sauf indication contraire, la zone « total OCDE » renvoie à l'ensemble des pays de l'OCDE.

La zone euro

Les données pour la « zone euro » proviennent des bases de données d'Eurostat.

Données en euros

Les données concernant les pays de l'Union économique et monétaire (UEM) sont exprimées en euros.

Les données relatives aux années antérieures à l'entrée dans l'UEM ont été converties à partir de l'ancienne monnaie nationale en appliquant le taux de conversion irrévocable approprié. Cette présentation rend plus aisée l'analyse de données au sein d'un pays sur une période longue et garantit que les évolutions historiques (c'est-à-dire les taux de croissance) restent inchangés. Cependant les euros antérieurs à l'UEM correspondent à un concept purement théorique et normalement ils ne devraient pas être utilisés pour calculer des zones ou pour comparer des pays entre eux.

Pays en voie d'accession

En 2007, le Conseil de l'OCDE avait décidé d'ouvrir des discussions en vue de l'adhésion à l'Organisation avec le Chili, l'Estonie, la Fédération de Russie, Israël et la Slovénie. En 2010, le Chili, l'Estonie, Israël et la Slovénie sont devenus Membres. À la suite de sa réunion en mars 2014, le Conseil de l'OCDE a reporté les activités liées au processus d'adhésion de la Fédération de Russie à l'OCDE. En mai 2013, le Conseil de l'OCDE a décidé de lancer des discussions avec la Colombie et la Lettonie en vue de leur adhésion. En avril 2015, il a invité le Costa Rica et la Lituanie à ouvrir des discussions formelles d'adhésion. L'OCDE travaille également avec de grandes puissances mondiales, comme le Brésil, la Chine, l'Inde, l'Indonésie et l'Afrique du Sud. Les données pour ces pays font partie de cette publication quand elles sont disponibles.

Commentaires généraux sur les concepts et la comparabilité

Les commentaires ci-dessous concernent plusieurs indicateurs et sont fournis ici dans le « Guide du lecteur » afin de ne pas les répéter dans les différents chapitres de la publication.

Parités de pouvoir d'achat (PPA) du PIB et de la consommation individuelle effective

Les PPA sont les taux de conversion monétaire qui permettent d'exprimer dans une unité commune les pouvoirs d'achat des différentes monnaies en éliminant les différences de niveaux de prix existant entre les pays. Les dépenses imputées au PIB, pour les différents pays, converties en utilisant les PPA sont en effet exprimées en fonction d'une même structure de prix internationaux si bien que les écarts entre pays reflètent uniquement les différences de volume de biens et services achetés. Les comparaisons de l'activité économique effectuées à partir des taux de change devraient le plus souvent être évitées dans la mesure où de telles comparaisons intègrent les différences de prix. De plus, les séries de taux de change ont tendance à être plus volatiles que les séries de PPA, ce qui induit des difficultés lorsqu'on effectue des comparaisons entre pays ou sur une période longue.

Toutefois, il faut faire attention lorsqu'on utilise les PPA pour des comparaisons internationales. Lorsque des pays sont très proches, il n'est pas pertinent d'établir un classement précis. Comme souvent avec les statistiques, il existe un certain degré d'incertitude lié aux sources et aux procédures de calcul sur lesquels reposent les PPA. Une petite différence observée entre deux pays pour un indicateur converti au moyen des PPA, par exemple le PIB ou le revenu national ajusté par les PPA, ne sera pas significative d'un point de vue statistique ou économique dans la plupart des cas.

Les PPA du PIB sont utilisées dans tous les tableaux et graphiques utilisant les PPA comme taux de conversion excepté dans les tableaux et graphique suivants pour lesquelles les PPA de la consommation effective individuelle sont utilisées : tableau 6.1 (Revenu disponible brut ajusté des ménages par tête), graphique 10.2 pour la consommation individuelle effective des ménages, tableau A.5 (Consommation individuelle effective, PPA courantes), tableau A.6 (Consommation individuelle effective, PPA constantes 2010).

1999, 2002, 2005, 2008 et **2011** : Les PPA pour tous les pays, à l'exception du Chili, sont les résultats des calculs triennaux effectués par Eurostat et l'OCDE. Les résultats de référence 2011 ont introduits le Chili pour la première fois.

Vous trouverez plus de renseignements sur le site internet des PPA : *www.oecd.org/fr/std/prix-ppa/*

Taux de change

Les taux de change utilisés dans cette publication ont été calculés par le Fond monétaire international (FMI) et sont publiés dans *International Financial Statistics* (IFS). Ce sont des taux de marché correspondant à des moyennes annuelles.

Indicateurs par tête

Dans cette publication, de nombreux indicateurs sont présentés « par tête ». Il est important de noter que les estimations de la population qui sont utilisées pour calculer ces indicateurs sont conformes à la notion de résidence telle qu'elle est définie dans le SCN : concrètement la population comprend les personnes qui résident dans un pays pendant un an ou plus, quelle que soit leur nationalité. Les personnels des missions diplomatiques, les militaires et leur famille se trouvant en dehors du territoire national, les étudiants qui sont partis à l'étranger pour leurs études et les patients qui sont partis à l'étranger pour être soignés, sont considérés comme résidents de leur pays de résidence même si ceux-ci quittent le pays de résidence pour une période supérieure à un an. La règle des « 1 an » signifie que les résidents réguliers qui partent vivre à l'étranger pour moins d'un an sont compris dans la population de leur pays d'origine et que des visiteurs étrangers (par exemple, les vacanciers) qui viennent dans un pays pour moins d'un an sont exclus.

Une remarque importante doit être faite dans ce contexte. Des individus peuvent faire partie des salariés d'un pays (contribuant ainsi au PIB de ce pays par l'accroissement de la production) et faire partie en même temps des résidents d'un autre pays (leur salaires apparaissant alors dans le revenu national du pays de résidence).

Années fiscales, années calendaires

Sauf indication contraire ci-dessous ou dans les textes accompagnant les indicateurs, toutes les données de cette publication sont fournies sur une base calendaire.

Pour les indicateurs non financiers, les données de l'Australie et de la Nouvelle Zélande se réfèrent aux années fiscales- 1 er juillet de l'année indiquée au 30 Juin pour l'Australie et 1 er avril au 31 mars pour la Nouvelle Zélande. Les données financières se réfèrent pour le Japon aux années fiscales, 1 er avril de l'année indiquée au 31 mars.

Estimations en volume (prix constants)

La plupart des pays de l'OCDE sont désormais capables de produire leurs comptes nationaux en utilisant des séries en volume chaînées. Seul le Mexique produit encore des données en volume à partir d'une année de base fixe, souvent mises à jour moins fréquemment que les données en volume chaînées, et reliées aux estimations de l'année de base précédente.

Le SCN recommande la fabrication d'estimations à partir de séries en volume en chaîne. Cette méthode permet d'obtenir de meilleures estimations de la croissance dans la mesure où les poids utilisés pour évaluer la contribution à la croissance des biens et services sont plus pertinents. Il y a cependant un inconvénient à cette méthode de chaînage : les agrégats en volume ne sont pas égaux à la somme de leurs composantes.

Valeurs brutes et nettes

Le terme « brut » désigne une valeur avant que la consommation de capital fixe ne soit déduite. Toutefois, le terme « net » ne renvoie pas forcément à la notion de « net d'amortissement ». Par exemple les « transferts en capital nets reçus du reste du monde » n'utilisent pas le terme «net » dans le sens « net d'amortissement ». La même chose peut s'appliquer pour les indicateurs comme « dette brute » et « richesse nette ».

Classification Industrielle (CITI Rev 4, Classification internationale type, par industrie, de toutes les branches d'activité économique)

Actuellement, la classification de référence est la CITI Rev 4.

La classification CITI Rev 4 est divisée en 10 branches d'activités.

La classification CITI Rev 4 est disponible sur le site web de l'UNSD (en anglais uniquement) : *http://unstats.un.org/unsd/cr/registry/regcst.asp?Cl=27*.

Ménages et institutions sans but lucratif au service des ménages (ISBLSM)

Plusieurs pays ne sont pas capables de séparer les ménages et les institutions sans but lucratif au service des ménages (ISBLSM) dans leurs comptes par secteur. Par conséquent, afin de garantir un niveau de comparabilité maximal, le compte des ménages comprend les ISBLSM dans cette publication.

Stocks et flux

La plupart des données présentées dans cette publication font référence aux flux, lesquels sont les comptes de production, génération et distribution des revenus et l'acquisition des actifs et des engagements. Les données de stocks se réfèrent aux comptes de patrimoine, lesquels reflètent la valeur des actifs et passifs ainsi que la richesse nette du secteur à la fin de période comptable.

Les tableaux mentionnés ci-dessous se réfèrent à des données de stocks :

- 18. Actifs non financiers des ménages
- 19. Composition du portefeuille d'actifs des ménages
- 20. Endettement des ménages
- 21. Richesse nette financière des ménages
- 22. Richesse nette totale des ménages
- 29. Dette ajustée brute des administrations publiques
- 30. Richesse nette financière des administrations publiques
- 31. Endettement des sociétés non financières
- 32. Endettement des sociétés financières
- 33. Levier financier du secteur bancaire
- 35. Stock de capital net

Égalités importantes du SCN

Produit intérieur brut (PIB) aux prix du marché

= Dépense de consommation finale
+ Formation brute de capital (FBC)
+ Exportations de biens et services
– Importations de biens et services
= Valeur ajoutée brute aux prix de base
+ Impôts moins subventions sur les produits

Revenu national net (RNN) aux prix du marché

= PIB aux prix du marché
+ Impôts moins subventions sur la production et les importations (nets, reçus du reste du monde)
+ Rémunération des salariés (nette, reçue du reste du monde)
+ Revenus de la propriété (nets, reçus du reste du monde)
– Consommation de capital fixe

Égalités importantes du SCN *(suite)*

Revenu national disponible net (RNDN)

= RNN aux prix de marché

+ Impôts courants sur le revenu, le patrimoine, etc. (nets, reçus du reste du monde)

+ Cotisations et prestations sociales et autres transferts courants (nets, reçus du reste du monde)

Épargne nette

= RNDN aux prix du marché

– Dépense de consommation finale

+ Ajustement pour variation des droits des ménages sur les fonds de pension (nets, reçus du reste du monde)

Capacité/besoin de financement

= Épargne nette

+ Transferts en capital (nets, reçus du reste du monde)

– Formation brute de capital

– Acquisitions moins cessions d'actifs non financiers non produits

+ Consommation de capital fixe

Pour en savoir plus

Les informations générales sur la méthodologie et les définitions détaillées sont disponibles dans :

- European Commission, International Monetary Fund, Organisation for Economic Co-operation and Development, United Nations, World Bank, New York, 2009, System of National Accounts 2008, *http://unstats.un.org/unsd/nationalaccount/docs/SNA2008.pdf*.
- Commission of the European Communities, International Monetary Fund, Organisation for Economic Co-operation and Development, United Nations, World Bank, Brussels / Luxembourg, New York, Paris, Washington, D.C., 1993, System of National Accounts 1993, *http://unstats.un.org/unsd/nationalaccount/docs/1993sna.pdf*.

Des informations supplémentaires et des tableaux complémentaires se trouvent dans :

- OECD (2014), *Panorama des statistiques de l'OCDE 2014: Economie, environnement et société*, OECD Publishing, Paris, DOI: *http://dx.doi.org/10.1787/factbook-2014-fr*.

Données en ligne

Panorama des comptes nationaux – Base de données

La Base de données *Panorama des comptes nationaux* est mise à jour en ligne en continu et contient des séries couvrant une période plus longue que la publication: *www.oecdilibrary.org/oecd/content/data/data-00369-fr*. Les données sont disponibles dès 1970 pour certains pays.

Données détaillées des comptes nationaux

Panorama des comptes nationaux est l'un des fichiers de données de la base de données Statistiques de l'OCDE sur les comptes nationaux que l'on peut consulter à l'adresse suivante : *http://dx.doi.org/10.1787/na-data-fr*. Cette grande base de données comprend des informations très détaillées sur les comptes nationaux annuels, les comptes financiers et les comptes du gouvernement dont la plupart sont aussi disponibles en fréquence trimestrielle.

Liste des fichiers de données disponibles en ligne :

Agrégats des comptes nationaux

- Produit intérieur brut.
- Revenu disponible et capacité/besoin de financement.
- Population et emploi par activité.
- PPA et taux de change.

Comptes nationaux détaillés

- Comptes de patrimoine des actifs non financiers.
- Formation de capital par activité.
- Dépense de consommation finale des ménages.
- Actifs fixes par activité et par type de produit.
- Emploi par activité.
- Comptes non financiers par secteur.
- Comptes non financiers simplifiés.
- Valeur ajoutée et ses composantes par activité.

Comptes financiers

- Comptes financiers consolidés (flux).
- Comptes financiers non consolidés (flux).
- Comptes de patrimoine financier consolidés (stocks).
- Comptes de patrimoine financier non consolidés (stocks).

Comptes des administrations publiques

- Dépenses par fonction.
- Dette de Maastricht.
- Principaux agrégats.
- Impôts et cotisations sociales.

Site Internet

- OCDE Comptes nationaux, *www.oecd.org/std/comptesnationaux*.

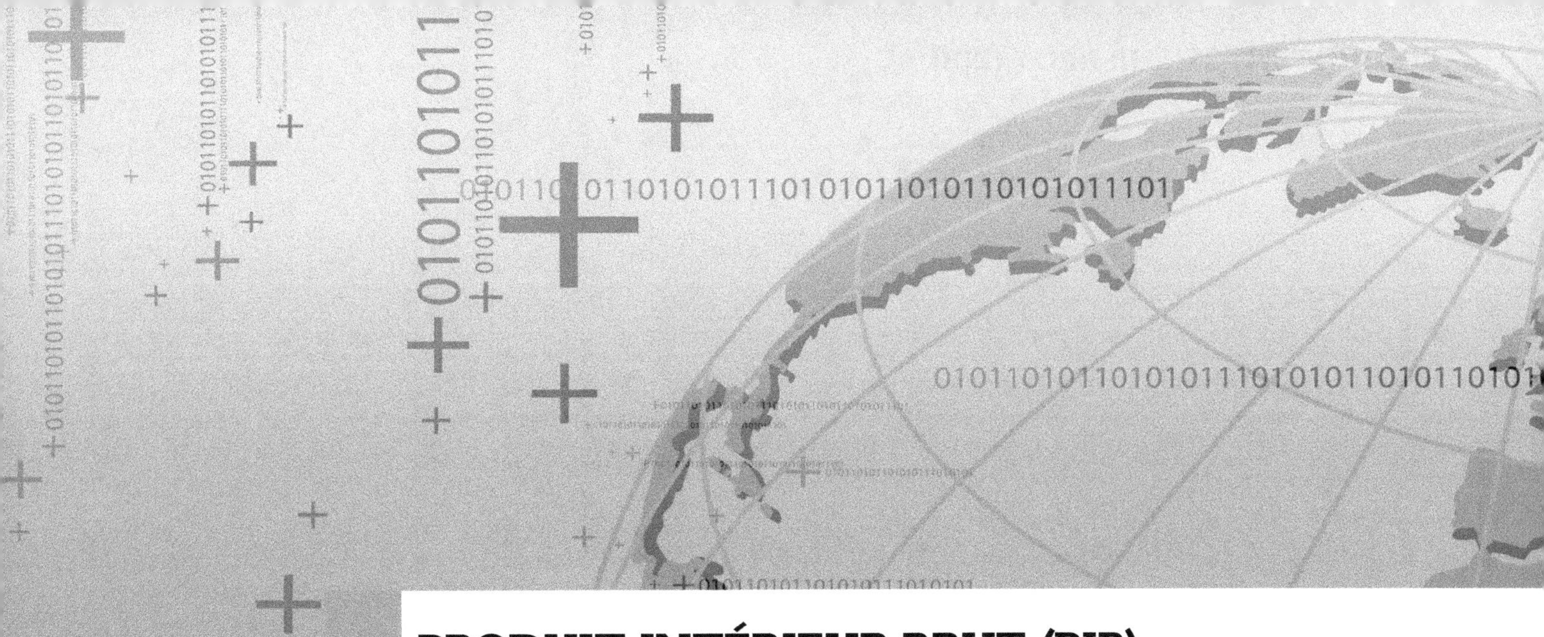

PRODUIT INTÉRIEUR BRUT (PIB)

1. Taille du PIB
2. Croissance du PIB
3. PIB par tête

Tableau 1.1. **Produit intérieur brut (PIB), PPA courantes**

Milliards de dollars USD

	2000	2001	2002	2003	2004	2005	2006	2007	2008	2009	2010	2011	2012	2013
Australie	538	568	599	635	675	719	774	825	851	898	936	985	999	1 040
Autriche	237	240	253	262	276	285	311	326	342	339	350	369	378	383
Belgique	290	300	318	322	333	346	370	389	405	406	427	451	460	462
Canada	895	930	961	1 014	1 075	1 162	1 232	1 290	1 333	1 302	1 362	1 428	1 469	1 513
Chili	147	155	162	171	188	206	255	277	274	273	311	349	368	386
République tchèque	167	180	187	200	214	228	250	275	282	282	283	300	301	304
Danemark	158	162	170	169	179	185	202	211	224	219	232	241	244	246
Estonie	14	15	16	18	20	22	26	29	30	27	28	32	33	35
Finlande	137	143	148	150	163	168	182	198	211	200	205	217	218	218
France	1 582	1 682	1 762	1 748	1 821	1 919	2 054	2 179	2 262	2 252	2 332	2 439	2 445	2 478
Allemagne	2 190	2 283	2 346	2 423	2 534	2 654	2 859	3 026	3 156	3 041	3 239	3 447	3 507	3 554
Grèce	209	227	248	260	279	279	312	324	345	341	322	296	278	280
Hongrie	123	139	152	158	166	175	188	194	209	209	216	225	224	233
Islande	8	9	9	9	10	11	11	12	13	13	12	13	13	14
Irlande	113	123	135	144	155	168	188	206	197	190	197	209	210	216
Israël[1]	157	161	166	159	172	172	182	198	201	206	221	237	253	264
Italie	1 518	1 610	1 593	1 632	1 661	1 720	1 860	1 971	2 070	2 019	2 058	2 132	2 115	2 109
Japon	3 290	3 377	3 472	3 569	3 753	3 890	4 065	4 264	4 289	4 079	4 321	4 386	4 541	4 613
Corée	850	909	990	1 024	1 103	1 166	1 251	1 355	1 406	1 396	1 505	1 559	1 601	1 662
Luxembourg	25	25	27	28	30	31	37	40	42	40	43	47	49	51
Mexique	1 006 e	1 029 e	1 067 e	1 132	1 212	1 322	1 464	1 551	1 641	1 624	1 730	1 893	1 967	2 000
Pays-Bas	502	526	548	547	577	609	668	715	759	734	743	774	777	785
Nouvelle-Zélande	83	87	92	97	103	106	116	123	126	131	135	142	145	156
Norvège	165	171	171	178	198	224	255	268	298	271	287	311	333	333
Pologne	406	419	443	460	498	527	578	644	688	730	794	857	888	909
Portugal	184	193	201	207	213	232	251	266	276	277	285	284	284	289
République slovaque	60	66	71	75	81	89	101	115	128	125	132	136	140	144
Slovénie	36	37	40	42	45	48	52	56	60	56	57	59	58	59
Espagne	881	946	1 022	1 069	1 135	1 217	1 371	1 484	1 550	1 521	1 507	1 521	1 515	1 516
Suède	261	265	275	287	308	310	341	371	386	369	391	413	418	428
Suisse	248	256	265	267	279	291	325	358	386	387	402	432	447	460
Turquie	590	561	572	589	689	781	896	976	1 068	1 044	1 168	1 308	1 348	1 409
Royaume-Uni	1 617	1 704	1 786	1 860	1 985	2 091	2 246	2 300	2 335	2 265	2 250	2 315	2 396	2 484
États-Unis	10 285	10 622	10 978	11 511	12 275	13 094	13 856	14 478	14 719	14 419	14 964	15 518	16 155	16 663
Zone euro	8 031	8 474	8 789	8 996	9 396	9 872	10 740	11 435	11 957	11 677	12 042	12 539	12 612	12 738
OCDE-Total	28 971 e	30 120 e	31 242 e	32 416	34 405	36 448	39 127	41 295	42 561	41 688	43 447	45 325	46 577	47 695
Brésil	1 555	1 598	1 663	1 720	1 863	1 988	2 142	2 343	2 521	2 538	2 772	2 974	..	..
Chine	3 616	4 006	4 437	4 980	5 632	6 470	7 514	8 806	9 843	10 833	12 110	13 496	14 783	16 158
Inde	..	..	..	..	2 964	3 343	3 765	4 244	4 458	4 969	..	..	..	..
Indonésie	1 007 e	1 068 e	1 133 e	1 211 e	1 307 e	1 425 e	1 550 e	1 692 e	1 829	1 890	2 017	2 172	2 329	2 504
Fédération de Russie	1 000 e	1 074 e	1 167	1 339	1 474	1 697	2 134	2 378	2 878	2 768	2 928	3 227	3 446	3 592
Afrique du Sud	341	358	382	402	433	470	510	556	589	580	598	634	666	692

Note : Métadonnées détaillées :
http://stats.oecd.org/OECDStat_Metadata/ShowMetadata.ashx?Dataset=NAAG_2015_NOV15&Lang=fr&Coords=[INDICATOR].[GDPCPC]

1. Informations sur les données concernant Israël : http://dx.doi.org/10.1787/888932315602

StatLink http://dx.doi.org/10.1787/888933316522

Tableau 2.1. **Produit intérieur brut, volume**

Taux de croissance annuel en pourcentage

	2000	2001	2002	2003	2004	2005	2006	2007	2008	2009	2010	2011	2012	2013
Australie	1.9	3.9	3.1	4.2	3.2	3.0	3.8	3.7	1.7	2.0	2.3	3.7	2.5	2.5
Autriche	3.4	1.4	1.7	0.8	2.7	2.1	3.4	3.6	1.5	-3.8	1.9	2.8	0.8	0.3
Belgique	3.6	0.8	1.8	0.8	3.6	2.1	2.5	3.4	0.7	-2.3	2.7	1.8	0.2	0.0
Canada	5.1	1.7	2.8	1.9	3.1	3.2	2.6	2.0	1.2	-2.7	3.4	3.0	1.9	2.0
Chili	5.1	3.3	2.7	3.8	7.0	6.2	5.7	5.2	3.3	-1.0	5.8	5.8	5.5	4.2
République tchèque	4.3	3.1	1.6	3.6	4.9	6.4	6.9	5.5	2.7	-4.8	2.3	2.0	-0.9	-0.5
Danemark	3.7	0.8	0.5	0.4	2.6	2.4	3.8	0.8	-0.7	-5.1	1.6	1.2	-0.7	-0.5
Estonie	10.6	6.3	6.1	7.4	6.3	9.4	10.3	7.7	-5.4	-14.7	2.5	7.6	5.2	1.6
Finlande	5.6	2.6	1.7	2.0	3.9	2.8	4.1	5.2	0.7	-8.3	3.0	2.6	-1.4	-1.1
France	3.9	2.0	1.1	0.8	2.8	1.6	2.4	2.4	0.2	-2.9	2.0	2.1	0.2	0.7
Allemagne	3.0	1.7	0.0	-0.7	1.2	0.7	3.7	3.3	1.1	-5.6	4.1	3.7	0.4	0.3
Grèce	4.2	3.8	3.9	5.8	5.1	0.6	5.7	3.3	-0.3	-4.3	-5.5	-9.1	-7.3	-3.2
Hongrie	4.2	3.8	4.5	3.8	4.9	4.4	3.8	0.4	0.8	-6.6	0.7	1.8	-1.7	1.9
Islande	4.7	3.8	0.5	2.7	8.2	6.0	4.2	9.5	1.5	-4.7	-3.6	2.0	1.2	3.9
Irlande	10.2	5.8	5.9	3.8	4.4	6.3	6.3	5.5	-2.2	-5.6	0.4	2.6	0.2	1.4
Israël[1]	8.9	0.2	-0.1	1.2	5.1	4.4	5.8	6.1	3.1	1.3	5.5	5.0	2.9	3.3
Italie	3.7	1.8	0.3	0.2	1.6	0.9	2.0	1.5	-1.0	-5.5	1.7	0.6	-2.8	-1.7
Japon	2.3	0.4	0.3	1.7	2.4	1.3	1.7	2.2	-1.0	-5.5	4.7	-0.5	1.8	1.6
Corée	8.9	4.5	7.4	2.9	4.9	3.9	5.2	5.5	2.8	0.7	6.5	3.7	2.3	2.9
Luxembourg	8.4 e	2.2	3.6	1.4	4.4	3.2	5.1	8.4	-0.8	-5.4	5.7	2.6	-0.8	4.3
Mexique	6.6 e	0.0 e	0.8 e	1.4 e	4.2	3.1	5.0	3.2	1.4	-4.7	5.2	3.9	4.0	1.4
Pays-Bas	4.2	2.1	0.1	0.3	2.0	2.2	3.5	3.7	1.7	-3.8	1.4	1.7	-1.1	-0.5
Nouvelle-Zélande	2.8	3.4	4.9	4.6	3.8	3.4	2.8	3.0	-1.6	-0.3	1.4	2.2	2.2	2.5
Norvège	3.2	2.1	1.4	0.9	4.0	2.6	2.4	2.9	0.4	-1.6	0.6	1.0	2.7	0.7
Pologne	4.6	1.2	2.0	3.6	5.1	3.5	6.2	7.2	3.9	2.6	3.7	5.0	1.6	1.3
Portugal	3.8	1.9	0.8	-0.9	1.8	0.8	1.6	2.5	0.2	-3.0	1.9	-1.8	-4.0	-1.1
République slovaque	1.2	3.3	4.5	5.4	5.3	6.4	8.5	10.8	5.7	-5.5	5.1	2.8	1.5	1.4
Slovénie	4.2	2.9	3.8	2.8	4.4	4.0	5.7	6.9	3.3	-7.8	1.2	0.6	-2.7	-1.1
Espagne	5.3	4.0	2.9	3.2	3.2	3.7	4.2	3.8	1.1	-3.6	0.0	-1.0	-2.6	-1.7
Suède	4.7	1.6	2.1	2.4	4.3	2.8	4.7	3.4	-0.6	-5.2	6.0	2.7	-0.3	1.2
Suisse	3.9	1.4	0.1	0.0	2.8	3.0	4.0	4.1	2.3	-2.1	3.0	1.8	1.1	1.8
Turquie	6.8	-5.7	6.2	5.3	9.4	8.4	6.9	4.7	0.7	-4.8	9.2	8.8	2.1	4.2
Royaume-Uni	3.8	2.8	2.5	3.3	2.5	3.0	2.7	2.6	-0.5	-4.2	1.5	2.0	1.2	2.2
États-Unis	4.1	1.0	1.8	2.8	3.8	3.3	2.7	1.8	-0.3	-2.8	2.5	1.6	2.2	1.5
Zone euro	3.8	2.1	0.9	0.7	2.3	1.7	3.2	3.0	0.5	-4.6	2.0	1.6	-0.8	-0.3
OCDE-Total	4.1 e	1.4 e	1.7 e	2.1 e	3.3	2.8	3.1	2.7	0.3	-3.5	3.0	1.9	1.3	1.2
Brésil	..	1.3	3.1	1.2	5.7	3.1	4.0	6.0	5.0	-0.2	7.6	3.9	..	..
Chine	8.4 e	8.3 e	9.1 e	10.0 e	10.1 e	11.3 e	12.7 e	14.2 e	9.6 e	9.2 e	10.4 e	9.3	7.7	..
Inde	..	..	..	..	..	9.3	9.3	9.8	4.9	9.1	..	..	..	..
Indonésie	4.9	3.6	4.5	4.8	5.0	5.7	5.5	6.3	6.0	4.7	6.4	6.2	6.0	5.6
Fédération de Russie	10.0 e	5.1 e	4.7 e	7.3	7.2	6.4	8.2	8.5	5.2	-7.8	4.5	4.3	3.4	1.3
Afrique du Sud	4.2	2.7	3.7	2.9	4.6	5.3	5.6	5.4	3.2	-1.5	3.0	3.2	2.2	2.2

Note : Métadonnées détaillées :
http://stats.oecd.org/OECDStat_Metadata/ShowMetadata.ashx?Dataset=NAAG_2015_NOV15&Lang=fr&Coords=[INDICATOR].[GDPG]

1. Informations sur les données concernant Israël : http://dx.doi.org/10.1787/888932315602

StatLink http://dx.doi.org/10.1787/888933316538

Tableau 3.1. **Produit intérieur brut par tête, prix et PPA courantes**

Dollars USD

	2000	2001	2002	2003	2004	2005	2006	2007	2008	2009	2010	2011	2012	2013
Australie	28 155	29 337	30 603	32 088	33 699	35 440	37 583	39 343	39 704	41 138	42 253	43 802	43 676	44 706
Autriche	29 574	29 849	31 261	32 212	33 820	34 702	37 653	39 240	41 151	40 642	41 876	44 039	44 870	45 133
Belgique	28 300	29 207	30 776	31 059	31 997	33 057	35 110	36 596	37 857	37 664	39 276	41 118	41 595	41 595
Canada	29 156	29 996	30 634	32 054	33 654	36 051	37 822	39 226	40 108	38 709	40 055	41 567	42 283	43 038
Chili	9 544	9 968	10 279	10 760	11 704	12 690	15 496	16 709	16 327	16 136	18 173	20 189	21 108	21 888
République tchèque	16 259	17 633	18 311	19 593	20 970	22 237	24 350	26 622	26 994	26 895	26 941	28 603	28 636	28 963
Danemark	29 575	30 250	31 597	31 269	33 162	34 083	37 192	38 685	40 843	39 625	41 812	43 319	43 565	43 797
Estonie	9 680	10 511	11 770	13 193	14 628	16 510	19 255	21 803	22 487	20 195	21 070	23 914	25 206	26 160
Finlande	26 473	27 535	28 421	28 813	31 092	32 065	34 523	37 509	39 730	37 546	38 296	40 251	40 209	40 017
France	25 996	27 439	28 523	28 110	29 056	30 398	32 311	34 064	35 170	34 837	35 896	37 353	37 281	37 617
Allemagne	26 645	27 722	28 438	29 365	30 709	32 186	34 716	36 783	38 434	37 137	39 622	42 152	42 807	43 282
Grèce	19 344	20 895	22 719	23 804	25 432	25 396	28 290	29 309	31 161	30 662	28 961	26 626	25 177	25 523
Hongrie	12 089	13 643	14 918	15 640	16 466	17 314	18 664	19 339	20 811	20 867	21 562	22 603	22 556	23 507
Islande	29 614	31 247	31 972	31 751	34 897	35 987	36 685	38 729	41 115	39 831	38 592	39 558	40 498	41 987
Irlande	29 627	31 786	34 441	36 016	38 183	40 446	44 030	46 727	43 839	41 845	43 223	45 670	45 757	46 858
Israël[1]	24 832	24 866	25 138	23 696	25 124	24 774	25 634	27 499	27 358	27 589	28 948	30 585	31 938	32 713
Italie	26 658	28 248	27 890	28 422	28 712	29 554	31 832	33 531	34 941	33 893	34 396	35 494	35 044	34 781
Japon	25 941	26 563	27 251	27 960	29 384	30 446	31 795	33 319	33 500	31 861	33 748	34 312	35 601	36 225
Corée	18 092	19 199	20 785	21 389	22 968	24 220	25 863	27 872	28 718	28 393	30 465	31 327	32 022	33 089
Luxembourg	56 518	56 173	59 353	60 831	65 407	67 003	77 306	82 733	84 920	80 265	84 440	90 889	91 256	93 234
Mexique	9 974 e	10 076 e	10 319 e	10 808	11 438	12 342	13 505	14 132	14 743	14 394	15 139	16 366	16 808	16 891
Pays-Bas	31 543	32 803	33 954	33 741	35 424	37 313	40 854	43 673	46 156	44 413	44 752	46 389	46 387	46 749
Nouvelle-Zélande	21 525	22 436	23 209	23 886	25 005	25 666	27 589	29 104	29 482	30 390	30 942	32 221	32 861	34 989
Norvège	36 799	37 786	37 726	38 991	43 202	48 370	54 720	56 901	62 421	56 205	58 775	62 738	66 358	65 635
Pologne	10 611 e	10 964 e	11 592 e	12 047 e	13 054 e	13 808 e	15 157 e	16 894 e	18 051 e	19 145 e	20 612 e	22 250 e	23 054 e	23 616 e
Portugal	17 852	18 585	19 332	19 822	20 303	22 073	23 887	25 224	26 096	26 217	26 924	26 932	27 001	27 651
République slovaque	11 137	12 232	13 133	13 889	14 965	16 482	18 760	21 354	23 728	23 046	24 325	25 169	25 809	26 586
Slovénie	17 878	18 793	20 123	20 938	22 693	23 884	25 873	27 670	29 589 |	27 488	27 586	28 513	28 441	28 675
Espagne	21 718	23 208	24 664	25 329	26 484	27 863	30 906	32 800	33 708	32 804	32 361	32 535	32 393	32 546
Suède	29 385	29 811	30 790	32 062	34 269	34 332	37 594	40 565	41 881	39 670	41 727	43 709	43 869	44 586
Suisse	34 200	35 127	36 134	36 174	37 523	38 916	43 140	47 175	50 226	49 722	51 121	54 551	55 857	56 897
Turquie	9 177	8 619	8 667	8 806	10 168	11 394	12 905	13 896	15 021	14 495	16 001	17 692	18 002 e	18 599 e
Royaume-Uni	27 451	28 818	30 088	31 184	33 112	34 616	36 921	37 509	37 765	36 383	35 859	36 575	37 605	38 743
États-Unis	36 419	37 240	38 122	39 606	41 857	44 237	46 369	47 987	48 330	46 930	48 302	49 710	51 368	52 592
Zone euro	25 011	26 296	27 132	27 616	28 688	29 972	32 453	34 363	35 743	34 797	35 797	37 182	37 304	37 606
OCDE-Total	25 090 e	25 907 e	26 678 e	27 484 e	28 972 e	30 479 e	32 492 e	34 035 e	34 809 e	33 860 e	35 053 e	36 347 e	37 135 e	37 815 e
Brésil	8 965	9 085	9 326	9 523	10 183	10 737	11 434	12 365	13 160	13 114	14 179	15 065	..	..
Chine	2 853	3 139	3 454	3 853	4 333	4 948	5 717	6 665	7 412	8 118	9 031	10 017	10 917	11 874
Inde	..	..	..	..	2 722	3 022	3 355	3 729	3 863	4 247	..	..	..	..
Indonésie	4 910 e	5 134 e	5 372 e	5 663 e	6 026 e	6 483 e	6 959 e	7 499 e	8 003	8 167	8 489	8 907 e	9 433 e	10 023 e
Fédération de Russie	6 818 e	7 360 e	8 029	9 254	10 231	11 822	14 916	16 649	20 164	19 387	20 498	22 570	24 069 e	25 151 e
Afrique du Sud	7 733	7 996	8 408	8 737	9 277	9 946	10 652	11 441	11 957	11 598	11 772	12 292	12 715	13 002

Note : Métadonnées détaillées :
http://stats.oecd.org/OECDStat_Metadata/ShowMetadata.ashx?Dataset=NAAG_2015_NOV15&Lang=fr&Coords=[INDICATOR].[GDPHCPC]

1. Informations sur les données concernant Israël : http://dx.doi.org/10.1787/888932315602

StatLink http://dx.doi.org/10.1787/888933316547

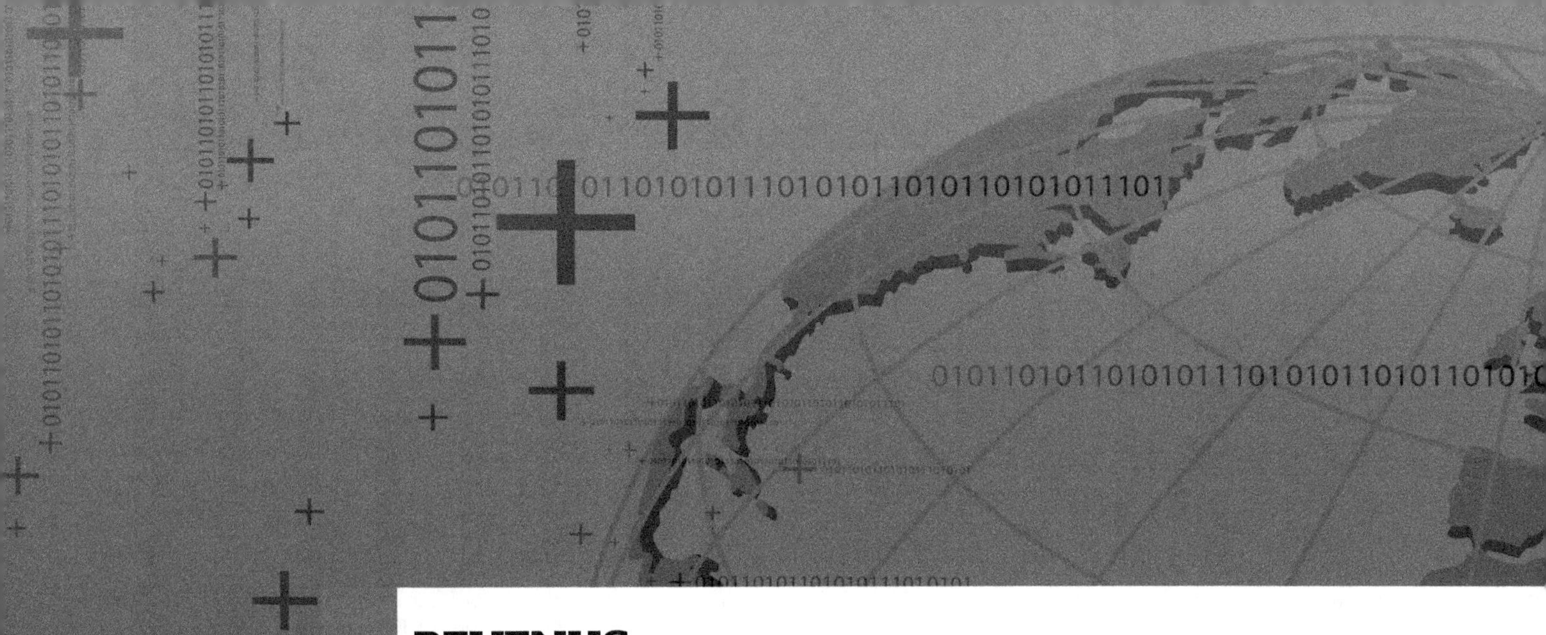

REVENUS

4. Revenu national

Tableau 4.1. **Revenu national net par tête, OCDE = 100**

PPA courantes

	2000	2001	2002	2003	2004	2005	2006	2007	2008	2009	2010	2011	2012	2013
Australie	107	109	110	113	110	110	108	110	110	117	115	116	113	114
Autriche	115	112	115	115	114	111	114	114	119	119	118	119	118	116
Belgique	114	113	116	113	110	107	106	106	109	108	112	109	109	106
Canada	112	111	111	114	114	116	114	113	114	111	111	111	110	110
Chili	38 e	38 e	38 e	38 e	38 e	39 e	43 e	45 e	45 e	47 e	50 e	54 e	56 e	57 e
République tchèque	57	60	61	63	64	64	65	68	68	68	65	66	66	65
Danemark	113	113	115	110	112	111	114	112	116	116	119	119	117	117
Estonie	38	40	43	47	49	53	57	61	62	57	56	62	65	68
Finlande	102	104	105	102	106	103	104	108	112	109	107	107	104	101
France	106	108	108	104	101	101	100	101	103	104	103	103	99	98
Allemagne	103	104	103	104	105	104	107	108	110	111	113	117	115	114
Grèce	80 e	84 e	88 e	88 e	88 e	85 e	86	85	88	89	80	69	66	65
Hongrie	43	48	52	53	53	53	53	52	55	57	57	57	55	58
Islande	118	120	123	117	119	116	107	110	90	89	86	91	94	107
Irlande	105	107	110	115	114	114	116	118	109	103	102	101	98	102
Israël[1]	94	93	91	83	84	80	78	81	79	81	83	85	85	87
Italie	106	109	105	103	99	97	98	98	99	99	96	95	91	88
Japon	98	98	98	98	97	97	94	96	93	90	93	91	93	93
Corée	70	72	76	76	77	77	77	80	80	81	85	83	83	84
Luxembourg	181	177	177	169	184	183	159	182	181	153	176	168	164	153
Mexique	41 e	40 e	40 e	41	41	42	43	43	44	44	45	46	46	45
Pays-Bas	128	126	127	124	123	121	127	130	130	131	127	129	126	125
Nouvelle-Zélande	80	82	84	84	82	79	79	80	78	87	84	85	85	90
Norvège	144	146	142	143	151	163	171	169	183	168	170	174	180	175
Pologne	43 e	43 e	44 e	44 e	44 e	45 e	46 e	49 e	53 e	58 e	59 e	61 e	62 e	63 e
Portugal	69	70	71	71	68	70	70	71	71	74	73	70	68	70
République slovaque	40	43	45	44	46	49	53	59	65	65	64	63	64	64
Slovénie	68	70	72	73	74	75	76	77	81 |	77	74	74	71	70
Espagne	88	90	93	93	91	90	93	94	94	95	90	86	84	83
Suède	117	114	115	119	119	114	118	124	126	120	122	123	121	120
Suisse	139	133	131	133	130	132	136	132	126	142	148	143	145	144
Turquie	..	..	..	..	..	..	..	..	..	..	..	..	..	..
Royaume-Uni	112	114	117	117	118	118	116	113	112	112	107	105	104	104
États-Unis	148	147	146	146	147	147	145	142	140	140	140	139	142	143
Zone euro	..	..	82	81	80	79	80	81	81	80	79	79	77	76
OCDE-Total	100	100	100	100	100	100	100	100	100	100	100	100	100	100
Brésil	..	..	..	..	..	..	..	..	..	..	..	..	..	..
Chine	..	..	..	..	..	..	..	..	..	..	..	..	..	..
Inde	..	..	..	..	10	10	11	12	12	13	..	..	..	..
Indonésie	..	..	..	..	..	..	..	..	..	..	..	..	..	..
Fédération de Russie	29 e	30 e	32	36	38	42	50	54	64	63	64	68	70 e	72 e
Afrique du Sud	31	30	32	32	32	33	33	34	34	35	34	34	34	34

Note : Métadonnées détaillées :
http://stats.oecd.org/OECDStat_Metadata/ShowMetadata.ashx?Dataset=NAAG_2015_NOV15&Lang=fr&Coords=[INDICATOR].[B5NHCPIXOE]

1. Informations sur les données concernant Israël : http://dx.doi.org/10.1787/888932315602

StatLink http://dx.doi.org/10.1787/888933316554

Tableau 5.1. **Indice du revenu national réel net**

Année 2010 = 100

	2000	2001	2002	2003	2004	2005	2006	2007	2008	2009	2010	2011	2012	2013
Australie	65	68	70	75	78	81	85	90	93	94	100	105	106	107
Autriche	87	87	90	90	93	94	98	101	103	98	100	102	101	102
Belgique	90	89	91	91	93	95	96	100	99	95	100	98	99	98
Canada	80	81	82	86	91	95	98	100	102	94	100	105	106	108
Chili	55 e	57 e	58 e	61 e	68 e	75 e	83 e	89 e	89 e	90 e	100	107 e	113 e	117 e
République tchèque	77	80	83	86	90	95	99	105	106	100	100	101	101	101
Danemark	88	89	89	90	94	98	103	102	101	96	100	101	100	102
Estonie	68	73	79	85	91	103	113	122	117	100	100	110	117	121
Finlande	90	93	94	94	98	99	102	107	106	97	100	101	99	98
France	91	93	93	94	96	98	100	102	102	98	100	102	100	101
Allemagne	90	91	91	91	94	94	98	101	101	97	100	104	103	104
Grèce	90 e	94 e	97 e	102 e	106 e	108 e	112	114	112	107	100	88	85	82
Hongrie	81	85	92	96	101	104	107	106	106	100	100	101	98	103
Islande	103	107	111	110	116	125	125	137	105	97	100	107	111	127
Irlande	84	88	91	96	98	104	109	113	109	99	100	101	99	104
Israël[1]	72	73	73	73	76	81	86	91	92	95	100	105	107	113
Italie	101	103	103	103	105	105	106	108	104	100	100	99	96	94
Japon	96	96	97	98	101	102	103	105	101	95	100	99	101	103
Corée	69	72	78	80	83	84	87	93	91	92	100	101	103	106
Luxembourg	81	81	81	80	89	95	84	101	99	81	100	96	96	95
Mexique	80 e	80 e	82 e	82	88	91	97	100	101	93	100	105	107	107
Pays-Bas	90	90	90	91	94	94	100	103	101	98	100	103	102	101
Nouvelle-Zélande	72	77	81	87	90	91	92	98	93	97	100	104	106	113
Norvège	78	80	78	79	85	95	101	102	108	96	100	105	109	109
Pologne	68	69	70	71	75	79	84	90	95	98	100	105	106	108
Portugal	95	97	98	98	99	99	99	102	100	98	100	98	94	95
République slovaque	65	67	70	70	75	82	89	99	105	97	100	100	102	103
Slovénie	79	83	86	89	92	95	100	107	109	101	100	100	95	95
Espagne	82	86	89	92	94	97	100	103	103	101	100	97	95	95
Suède	82	82	83	87	89	92	97	103	102	93	100	103	102	103
Suisse	84	82	81	85	87	92	95	91	84	92	100	95	98	99
Turquie	..	..	..	..	..	..	..	..	..	..	..	..	..	..
Royaume-Uni	84	87	90	93	96	99	100	102	101	97	100	102	102	105
États-Unis	87	88	89	91	95	98	101	101	99	97	100	102	106	107
Zone euro	..	..	97	97	100	101	103	106	103	98	100	101	99	98
OCDE-Total	..	..	..	..	..	..	..	..	..	..	..	..	..	..
Brésil	..	..	..	..	..	..	..	..	..	..	..	..	..	..
Chine	..	..	..	..	..	..	..	..	..	..	..	..	..	..
Inde	..	..	..	..	..	..	..	..	..	..	..	..	..	..
Indonésie	..	..	..	..	..	..	..	..	..	..	..	..	..	..
Fédération de Russie	59 e	59 e	61	66	74	83	92	102	109	90	100	111	114	113
Afrique du Sud	65	66	71	74	79	83	90	94	95	95	100	106	107	109

Note : Métadonnées détaillées :
http://stats.oecd.org/OECDStat_Metadata/ShowMetadata.ashx?Dataset=NAAG_2015_NOV15&Lang=fr&Coords=[INDICATOR].[B5NVIXOB]
1.Informations sur les données concernant Israël : http://dx.doi.org/10.1787/888932315602

StatLink http://dx.doi.org/10.1787/888933316560

6. Taux d'épargne nette

Tableau 6.1. **Taux d'épargne nette**

Pourcentage du PIB

	2000	2001	2002	2003	2004	2005	2006	2007	2008	2009	2010	2011	2012	2013
Australie	4.6	5.7	5.1	5.8	5.1	6.0	5.8	6.6	8.6	6.4	8.4	9.8	8.7	8.0
Autriche	8.5	7.9	9.4	8.7	9.2	8.6	10.1	11.7	11.9	7.1	8.3	8.7	8.1	7.8
Belgique	11.0	9.7	9.6	8.9	9.7	9.4	9.6	10.5	8.4	3.2	7.0	4.7	4.9	3.4
Canada	8.7	7.0	6.0	6.8	9.0	9.8	9.6	9.0	8.3	0.9	2.8	4.7	4.4	4.3
Chili	8.4 e	8.6 e	8.8 e	8.6 e	10.9 e	11.6 e	13.9 e	13.2 e	10.3 e	10.2 e	11.9 e	10.2 e	9.5 e	8.1 e
République tchèque	5.0	5.2	3.5	3.0	4.5	6.0	6.2	7.5	6.0	1.2	0.5	1.0	2.3	1.4
Danemark	8.4	8.9	7.9	7.5	8.0	9.4	11.0	9.6	8.5	4.0	6.5	7.6	6.7	8.0
Estonie	11.6	11.8	10.5	10.2	9.5	11.9	11.5	11.2	8.3	6.3	7.0	11.8	13.0	12.9
Finlande	13.7	14.2	13.1	10.0	11.5	10.3	10.8	12.2	9.9	3.7	4.2	3.5	1.4	0.0
France	8.5	8.1	6.8	6.1	6.4	5.9	6.1	6.5	5.6	1.9	2.4	3.1	1.7	1.6
Allemagne	5.5	5.2	4.9	4.1	6.6	6.4	8.7	10.8	9.2	5.6	7.5	9.7	8.6	8.1
Grèce	0.0 e	0.1 e	-0.6 e	-0.1 e	-0.1 e	-1.2 e	-0.9	-2.9	-6.1	-10.4	-11.1	-12.7	-9.6	-9.5
Hongrie	1.4	2.7	2.2	0.2	1.7	1.1	2.4	1.0	1.7	1.7	2.9	3.3	2.7	6.8
Islande	..	..	..	..	..	..	..	..	..	..	..	..	..	..
Irlande	13.4	11.8	10.8	12.4	12.6	11.9	11.6	8.8	3.9	-0.1	1.8	2.5	2.5	5.6
Israël[1]	7.8	6.8	4.6	4.9	6.1	8.4	10.0	9.3	6.8	7.5	8.1	9.5	9.1	9.9
Italie	5.7	6.0	5.8	5.1	5.4	4.6	4.7	5.0	2.7	0.3	-0.4	-0.3	-0.9	-0.4
Japon	7.2	5.3	4.3	4.8	5.6	5.7	5.9	6.8	4.2	-0.5	1.7	0.8	0.8	0.6
Corée	17.0	14.7	14.8	15.9	18.0	16.1	15.3	15.9	14.5	13.5	16.5	15.7	15.0	15.0
Luxembourg	..	..	..	..	..	..	..	..	..	..	..	..	..	..
Mexique	12.5 e	9.3 e	9.9 e	10.4	12.6	12.0	13.7	13.4	12.3	9.9	10.9	11.2	9.2	6.5
Pays-Bas	13.9	11.9	10.3	11.0	12.4	11.9	14.5	15.1	11.7	10.3	11.1	12.7	12.6	12.3
Nouvelle-Zélande	5.1	7.3	6.8	7.7	6.5	3.7	2.5	4.1	0.4	3.0	2.7	3.2	3.3	6.2
Norvège	21.4	21.0	17.1	16.3	19.4	25.0	26.9	25.4	27.6	19.1	20.3	22.6	23.5	22.4
Pologne	5.4	3.9	2.1	2.7	0.5	2.9	4.3	5.6	5.7	5.2	4.7	6.6	6.6	6.9
Portugal	2.5	2.3	1.5	0.1	-0.8	-2.9	-3.7	-3.0	-5.7	-6.4	-6.4	-4.7	-4.4	-2.2
République slovaque	2.7	2.1	1.0	-2.5	-0.3	0.6	1.2	4.8	4.1	-2.4	-0.5	-0.5	1.0	1.0
Slovénie	5.2	6.1	7.1	6.8	7.1	7.7	10.1	11.1	9.9	3.1	1.8	1.6	-0.3	2.1
Espagne	8.8	8.8	9.3	9.8	8.6	7.7	7.3	6.6	4.8	3.9	2.8	1.3	1.9	2.8
Suède	12.0	11.8	11.0	12.5	12.8	13.4	16.0	18.2	16.9	10.1	12.9	13.4	12.3	11.5
Suisse	16.5	13.2	10.0	13.9	14.0	17.4	19.0	14.5	7.6	13.0	18.4	14.3	14.5	13.7
Turquie	..	..	..	..	..	..	..	..	..	..	..	..	..	..
Royaume-Uni	4.0	3.4	2.9	2.7	2.2	3.1	2.1	2.4	0.9	-1.7	0.2	1.2	-0.4	-0.9
États-Unis	5.9	4.4	3.0	2.3	2.6	2.7	3.7	1.6	-0.6	-2.1	-0.8	-0.1	2.0	2.4
Zone euro	..	..	7.2	6.5	7.2	6.7	7.1	8.1	5.6	2.8	3.7	4.4	3.7	3.5
OCDE-Total	..	..	..	..	..	..	..	..	..	..	..	..	..	..
Brésil	..	..	..	..	..	..	..	..	..	..	..	..	..	..
Chine	..	..	..	..	..	..	..	..	..	..	..	..	..	..
Inde	..	..	..	..	22.5	23.6	24.9	27.1	22.1	23.7	..	..	..	..
Indonésie	..	..	..	..	..	..	..	..	..	..	..	..	..	..
Fédération de Russie	27.4 e	23.9 e	21.0	21.0	23.9	24.6	25.6	26.4	25.3	15.4	21.2	24.8	22.4	18.5
Afrique du Sud	2.8	2.6	4.0	3.4	3.5	3.2	3.4	3.1	4.3	4.2	4.8	4.5	2.5	1.3

Note : Métadonnées détaillées :
http://stats.oecd.org/OECDStat_Metadata/ShowMetadata.ashx?Dataset=NAAG_2015_NOV15&Lang=fr&Coords=[INDICATOR].[B8NS]

1. Informations sur les données concernant Israël : http://dx.doi.org/10.1787/888932315602

StatLink http://dx.doi.org/10.1787/888933316579

Tableau 7.1. **Capacité/besoin de financement par secteur institutionnel**

Pourcentage du PIB

	Total			Sociétés			Administrations publiques			Ménages		
	2003	2008	2013	2003	2008	2013	2003	2008	2013	2003	2008	2013
Australie	-5.5	-3.5	-3.0	-1.6	-2.2	-3.5	0.8	-4.0	-2.6	-4.7	2.7	3.3
Autriche	1.5	4.1	2.0	-1.4	-0.1	1.3	-1.8	-1.4	-1.3	4.7	5.7	1.9
Belgique	5.6	1.0	0.9	2.8	-0.8	2.7	-1.8	-1.1	-2.9	4.5	3.0	1.2
Canada	1.4	0.2	-3.2	5.0	3.9	1.9	0.1	-0.3	-2.7	-3.7	-3.4	-2.4
Chili	..	-3.6	-3.7	..	-8.1	-7.5	..	4.8	-0.4	..	-0.3	4.1
République tchèque	-4.6	-4.0	1.1	-0.1	-3.1	0.4	-6.4	-2.1	-1.3	1.9	1.2	1.8
Danemark	4.1	2.7	7.2	5.4	4.0	9.1	-0.1	3.2	-1.3	-1.2	-4.5	-0.8
Estonie	-11.9	-7.7	3.1	-9.6	-4.3	2.4	1.8	-2.7	-0.1	-4.1	-0.2	1.3
Finlande	4.9	2.8	-1.7	3.8	1.6	2.4	2.4	4.2	-2.5	-1.4	-2.9	-1.6
France	0.3	-1.4	-2.6	0.5	-0.9	-1.9	-3.9	-3.2	-4.1	3.7	2.7	3.3
Allemagne	1.7	5.5	6.7	0.2	0.3	2.1	-4.2	-0.2	-0.1	5.6	5.3	4.6
Grèce	..	-14.9	0.3	..	4.8	21.0	..	-10.2	-12.4	..	-9.7	-7.8
Hongrie	-8.4	-5.7	7.5	0.4	-1.4	7.2	-7.1	-3.6	-2.5	-1.6	-0.7	2.9
Islande	..	..	..	..	..	..	-3.1	-13.1	-1.9	..	..	..
Irlande	0.8	-5.7	3.2	4.1	3.8	9.5	0.7	-7.0	-5.7	-7.1	-3.8	-0.1
Israël[1]	0.5	1.7	2.7	..	..	..	-7.3	-2.9	-4.2	..	..	..
Italie	-0.7	-2.8	1.0	0.5	-2.1	2.2	-3.4	-2.7	-2.9	2.3	2.0	1.7
Japon	2.4	2.8	0.5	7.8	2.5	7.9	-7.7	-1.9	-8.5	2.3	2.2	1.1
Corée	1.0	-0.2	5.4	0.7	-8.3	-1.9	-2.0	2.3	1.3	2.3	5.8	5.9
Luxembourg	..	..	..	..	..	..	0.5	3.3	0.7	..	..	..
Mexique	-1.1	-1.7	-2.0	-4.6	-2.4	-3.4	0.4	-0.2	0.1	3.2	0.9	1.3
Pays-Bas	6.7	5.2	10.7	9.0	7.0	9.8	-3.0	0.2	-2.4	0.7	-2.1	3.2
Nouvelle-Zélande	-2.8	-6.6	..	-0.2	-4.7	..	3.4	0.4	-0.4	-6.0	-2.3	..
Norvège	12.3	15.6	10.0	2.5	-2.3	-0.7	7.2	18.7	10.8	2.6	-0.8	-0.2
Pologne	-1.7	-5.8	1.0	1.7	0.8	7.5	-6.1	-3.6	-4.0	2.7	-2.9	-2.4
Portugal	-5.2	-11.4	2.3	-2.4	-9.3	3.5	-4.4	-3.8	-4.8	1.7	1.6	3.6
République slovaque	-6.7	-5.7	2.2	-2.9	-1.8	4.2	-2.7	-2.3	-2.6	-1.1	-1.6	0.7
Slovénie	-1.9	-4.6	4.5	-2.2	-7.6	13.4	-2.6	-1.4	-15.0	2.9	4.3	6.1
Espagne	-2.9	-8.7	2.2	-3.0	-1.9	5.0	-0.4	-4.4	-6.9	0.4	-2.4	4.2
Suède	6.6	8.4	5.5	5.6	1.5	-0.4	-1.3	2.0	-1.4	2.0	4.8	7.3
Suisse	11.7	1.9	12.1	5.0	-8.2	-2.3	-2.4	2.0	-0.3	9.3	9.9	12.3
Turquie	..	..	..	..	..	..	..	-2.3	..	..	..	..
Royaume-Uni	-1.7	-3.6	-4.5	1.1	2.3	1.4	-3.4	-5.1	-5.7	0.6	-0.8	-0.2
États-Unis	-4.4	-5.3	-1.3	1.7	-0.5	1.8	-5.9	-7.0	-5.3	-0.2	2.2	2.3
Zone euro	0.5	-1.5	2.0	0.7	-1.1	2.0	..	..	..	2.9	1.7	2.8
OCDE-Total	..	..	..	..	..	..	..	..	..	..	..	..
Brésil	..	..	..	..	..	..	..	..	..	..	..	..
Chine	2.0	8.8	..	-7.4	-9.4	..	-3.8	1.8	..	13.2	16.3	..
Inde	..	..	..	..	..	..	..	..	..	..	..	..
Indonésie	..	..	..	..	..	..	..	..	..	..	..	..
Fédération de Russie	7.2	4.7	0.4	0.4	-5.9	-3.1	1.7	7.3	0.3	5.2	3.3	3.3
Afrique du Sud	..	-5.5	-5.8	..	-2.2	-1.1	..	-1.7	-3.3	..	-1.6	-1.4

Note : Métadonnées détaillées :
http://stats.oecd.org/OECDStat_Metadata/ShowMetadata.ashx?Dataset=NAAG_2015_NOV15&Lang=fr&Coords=[INDICATOR].[B9S1S]

1. Informations sur les données concernant Israël : http://dx.doi.org/10.1787/888932315602

StatLink http://dx.doi.org/10.1787/888933316583

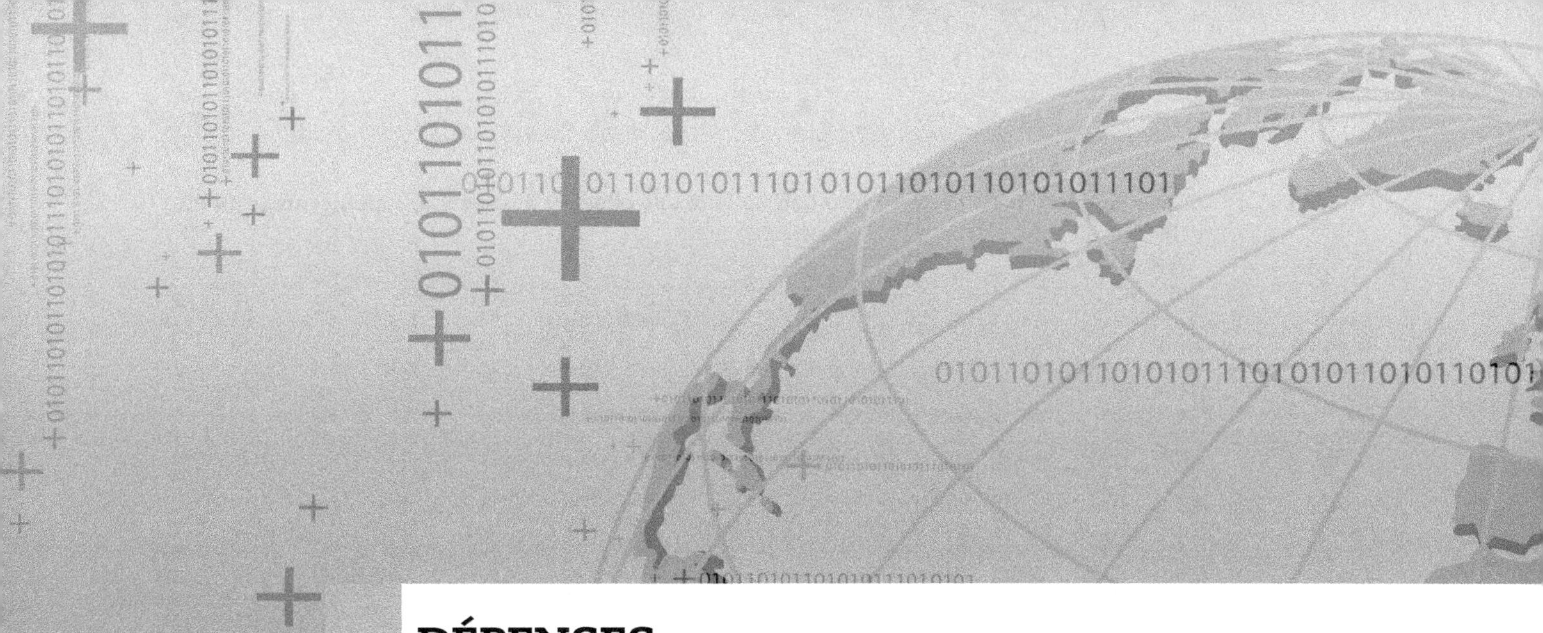

DÉPENSES

Tableau 8.1. **Consommation finale et consommation individuelle effective des ménages, pourcentage du PIB**

Pourcentage du PIB

	Consommation finale des ménages							Consommation individuelle effective						
	2007	2008	2009	2010	2011	2012	2013	2007	2008	2009	2010	2011	2012	2013
Australie	56.3	54.4	55.4	53.9	53.7	55.0	55.5	66.8	65.2	66.5	64.8	64.7	65.9	66.2
Autriche	52.4	52.2	53.8	53.6	53.5	53.6	53.8	64.0	64.0	66.4	66.1	65.7	65.9	66.1
Belgique	50.1	51.2	52.1	52.0	51.7	51.9	52.2	63.5	65.3	67.1	67.0	67.0	67.4	67.8
Canada	54.4	54.1	57.2	56.5	55.4	55.3	55.5	66.5 e	66.4 e	70.9 e	69.9 e	68.7 e	68.6 e	68.8 e
Chili	55.8	60.8	59.5	59.0	61.0	62.5	63.9	61.0 e	66.5	65.9	65.2	67.0	68.7	70.4
République tchèque	46.3	47.7	48.9	49.2	49.3	49.4	49.8	55.8	57.1	59.3	59.6	59.5	59.6	60.0
Danemark	47.5	47.5	48.7	47.9	48.2	48.8	48.8	64.3	64.9	68.2	67.2	67.0	67.6	67.6
Estonie	53.4	54.1	53.4	52.2	50.6	50.6	51.2	62.3	64.5	65.4	63.6	61.0	60.7	61.4
Finlande	48.8	49.6	52.6	53.2	53.7	54.6	54.9	62.5	63.9	68.6	69.1	69.6	71.1	71.5
France	54.9	55.3	56.2	56.1	55.7	55.7	55.6	69.3	69.7	71.6	71.5	71.0	71.0	71.0
Allemagne	55.1	55.3	57.4	56.1	55.3	55.7	55.4	66.1	66.5	69.8	68.3	67.3	67.8	67.8
Grèce	64.8	67.4	68.1	69.4	69.9	69.9	70.9	75.0	77.9	79.5	80.3	80.8	80.3	80.6
Hongrie	54.2	53.4	53.4	52.3	52.6	53.7	52.3	65.2	64.6	64.9	63.4	63.2	63.9	62.2
Islande	56.4	52.7	51.2	51.2	51.7	53.4	52.5	71.7	68.3	67.4	67.0	67.3	68.7	68.0
Irlande	45.5	48.6	47.4	47.4	45.8	45.4	45.0	56.2	60.2	60.7	60.2	57.9	57.3	56.8
Israël[1]	57.2	58.0	56.6	57.2	57.1	55.5	55.5	67.6	68.6	67.4	68.1	67.9	66.5	66.9
Italie	59.3	59.6	60.7	61.0	61.5	61.6	61.0	70.5	71.0	72.8	73.0	73.0	73.0	72.4
Japon	57.3	58.3	60.1	59.3	60.3	60.7	61.1	67.4	68.7	71.4	70.6	72.2	72.8	73.3
Corée	52.4	52.4	51.7	50.3	51.0	51.4	50.9	59.2	59.6	59.2	57.4	58.3	58.9	58.6
Luxembourg	32.9	33.3	35.1	33.1	32.4	32.8	31.4	41.9	42.5	45.6	43.3	42.5	43.2	41.7
Mexique	66.2	66.9	66.8	67.1	66.4	67.4	68.7	71.3	72.2	72.5	72.8	72.0	73.1	74.8
Pays-Bas	45.6	45.1	45.3	44.7	44.9	44.9	44.9	60.9	60.8	62.6	62.3	62.3	62.6	62.3
Nouvelle-Zélande	56.7	57.6	57.9	57.6	58.1	58.6	56.9	67.7	69.6	70.1	69.9	70.4	70.9	68.7
Norvège	40.5	38.4	42.2	42.0	40.3	39.7	40.2	53.0	50.7	56.9	56.5	54.6	53.9	54.7
Pologne	60.5	61.9	61.7	61.6	61.5	61.6	60.9	70.5	72.4	72.4	71.8	71.3	71.3	70.8
Portugal	64.8	66.2	64.7	65.8	65.8	66.3	65.3	75.8	77.3	76.6	77.2	76.5	76.3	75.5
République slovaque	55.6	56.7	60.4	58.0	57.3	57.4	56.6	63.4	64.9	69.7	67.1	65.9	66.1	65.6
Slovénie	51.1	51.2	54.7	56.0	56.0	56.7	55.0	61.4	61.8	66.5	68.2	68.2	68.9	66.6
Espagne	57.0	56.8	56.1	57.2	57.8	58.6	58.0	67.1	67.6	68.1	69.1	69.5	69.8	69.1
Suède	44.3	44.6	47.1	46.4	46.3	46.5	46.7	62.0	62.5	66.1	64.6	64.4	65.1	65.5
Suisse	54.2	53.8	55.2	54.5	53.9	54.3	54.3	59.8	59.3	61.3	60.5	60.0	60.7	60.6
Turquie	71.3	69.8	71.5	71.7	71.2	70.2	70.8	75.9 e	74.4 e	76.7 e	76.8 e	76.1 e	75.5 e	76.2 e
Royaume-Uni	63.5	64.2	64.7	64.7	64.5	65.0	65.0	75.7	76.9	78.6	78.3	77.6	78.0	77.6
États-Unis	67.3	68.0	68.3	68.2	68.9	68.4	68.4	73.6	74.6	75.1	74.8	75.4	74.9	75.1
Zone euro	55.2	55.5	56.6	56.3	56.1	56.3	55.9	..	..	..	..	..	..	..
OCDE-Total	60.7	61.1	61.9	61.6	61.8	61.9	61.9	69.6 e	70.1 e	70.9 e	70.7 e	70.5 e	71.1 e	71.1 e
Brésil	59.9	59.8	62.0	60.2	60.3	..	..	..	..	..	67.8 e	68.0 e	..	..
Chine	36.2	35.6	36.3	35.1	35.7	36.7	37.3	..	..	..	..	..	..	..
Inde	57.0	58.4	57.7	..	..	..	..	59.9	61.5	61.5	..	..	..	..
Indonésie	59.9 e	57.2	57.2	56.2	55.4	56.4	57.3	..	..	..	59.7	58.8	59.9	60.9
Fédération de Russie	48.8	48.9	54.6	51.5	49.0	50.3	52.8	56.9	57.4	64.5	60.4	57.7	58.6	61.3
Afrique du Sud	61.5	60.0	59.5	59.0	59.4	60.5	60.6	69.7	68.8	68.9	68.7	68.8	69.7	70.0

Note : Métadonnées détaillées :

http://stats.oecd.org/OECDStat_Metadata/ShowMetadata.ashx?Dataset=NAAG_2015_NOV15&Lang=fr&Coords=[INDICATOR].[P31S14_S15S]

1.Informations sur les données concernant Israël : http://dx.doi.org/10.1787/888932315602

StatLink http://dx.doi.org/10.1787/888933316591

Tableau 8.2. **Consommation finale des ménages, volume**

Taux de croissance annuel en pourcentage

	2000	2001	2002	2003	2004	2005	2006	2007	2008	2009	2010	2011	2012	2013
Australie	3.3	3.1	4.3	5.1	4.5	3.2	4.8	4.7	0.1	2.3	3.7	2.5	1.9	2.2
Autriche	3.1	1.3	0.8	1.7	2.3	2.2	2.1	1.1	0.8	0.6	1.0	1.3	0.6	0.1
Belgique	2.9	1.0	0.4	0.5	1.6	1.2	1.5	1.9	1.7	0.5	2.7	0.3	0.6	0.9
Canada	4.1	2.4	3.7	3.0	3.0	3.6	4.1	4.3	2.9	0.4	3.4	2.3	1.9	2.5
Chili	4.0	2.7	2.8	4.5	8.4	8.5	7.8	7.6	5.2	-0.8	10.8	8.9	6.1	5.9
République tchèque	1.6	2.8	2.9	4.8	3.5	3.2	3.8	4.1	2.9	-0.7	1.0	0.3	-1.5	0.7
Danemark	0.4	0.2	1.4	1.3	4.6	3.7	2.9	1.8	0.5	-3.4	0.8	0.2	0.4	0.0
Estonie	7.2	6.5	9.4	9.1	7.7	9.3	12.7	9.0	-4.9	-15.3	-1.6	3.7	4.4	3.8
Finlande	2.0	2.9	2.6	4.2	3.6	3.2	4.1	3.5	2.1	-2.7	3.1	2.9	0.3	-0.3
France	3.7	2.5	2.1	1.5	2.0	2.5	2.2	2.5	0.4	0.2	1.8	0.5	-0.2	0.4
Allemagne	2.1	1.6	-0.8	0.1	0.8	0.4	1.5	0.0	0.6	0.2	0.4	1.4	1.0	0.6
Grèce	2.7	3.5	5.1	4.5	3.6	3.2	2.8	4.1	3.6	-1.7	-6.5	-9.7	-8.0	-2.3
Hongrie	3.1	4.6	8.1	8.4	2.0	2.9	1.4	1.0	-1.2	-6.7	-2.8	0.8	-2.2	0.3
Islande	4.2	-3.0	-0.8	6.7	7.4	10.7	2.5	6.7	-7.0	-9.2	-0.3	2.5	1.9	1.0
Irlande	10.6	4.6	3.7	2.9	3.7	7.2	6.7	6.7	0.1	-5.7	0.2	-0.5	-1.0	0.1
Israël[1]	8.4	4.0	1.6	0.2	5.3	3.4	5.0	8.3	1.4	1.0	4.8	3.4	2.2	3.9
Italie	2.3	0.6	0.0	0.8	1.0	1.3	1.4	1.2	-1.1	-1.6	1.2	0.0	-3.9	-2.7
Japon	0.4	1.6	1.2	0.5	1.2	1.5	1.1	0.9	-0.9	-0.7	2.8	0.3	2.3	2.1
Corée	9.1	5.7	8.9	-0.5	0.3	4.4	4.6	5.1	1.4	0.2	4.4	2.9	1.9	1.9
Luxembourg	5.0 e	2.4	4.4	2.0	0.7	1.9	3.3	2.4	1.4	1.0	1.7	2.2	2.7	0.9
Mexique	8.2 e	2.5 e	1.6 e	2.2 e	5.6	4.4	5.5	3.0	1.9	-6.5	5.7	4.8	4.9	2.2
Pays-Bas	3.7	2.1	1.1	-0.2	0.6	0.9	-0.3	1.9	0.9	-2.1	0.0	0.2	-1.2	-1.4
Nouvelle-Zélande	1.3	2.7	5.2	6.2	5.5	4.9	2.2	3.7	-1.5	1.7	2.0	2.7	2.5	2.9
Norvège	4.2	2.1	3.1	3.2	5.4	4.4	5.0	5.3	1.7	0.0	3.8	2.3	3.5	2.1
Pologne	2.9	2.0	3.9	1.6	4.2	2.4	4.7	6.4	6.1	3.4	2.7	3.1	0.7	0.2
Portugal	3.7	0.9	1.3	-0.3	2.6	1.6	1.5	2.5	1.4	-2.3	2.4	-3.6	-5.5	-1.2
République slovaque	1.9	5.0	5.7	2.9	5.0	5.8	6.0	7.5	6.0	-0.5	0.4	-0.6	-0.4	-0.8
Slovénie	0.8	2.4	2.5	3.4	3.0	2.2	1.2	6.4	2.4	0.9	1.3	0.0	-2.5	-4.1
Espagne	4.6	3.7	3.0	2.4	4.0	4.0	3.8	3.3	-0.7	-3.6	0.3	-2.4	-3.5	-3.1
Suède	5.2	0.7	2.6	2.3	2.8	2.8	2.7	3.8	0.2	0.4	3.9	1.9	0.8	1.9
Suisse	1.8	2.1	0.3	0.4	1.8	1.5	1.5	2.3	1.5	1.3	1.6	0.8	2.7	2.2
Turquie	5.9	-6.6	4.7	10.2	11.0	7.9	4.6	5.5	-0.3	-2.3	6.7	7.7	-0.5	5.1
Royaume-Uni	5.1	3.7	4.1	3.6	3.5	3.1	1.9	3.0	-0.7	-3.1	0.0	0.1	1.8	1.9
États-Unis	5.1	2.6	2.6	3.1	3.8	3.5	3.0	2.2	-0.3	-1.6	1.9	2.3	1.5	1.7
Zone euro	3.0	2.0	0.9	1.1	1.8	1.9	2.1	1.8	0.3	-1.1	0.8	0.0	-1.2	-0.6
OCDE-Total	4.1 e	2.2 e	2.4 e	2.4	3.1	3.0	2.8	2.5	0.2	-1.4	2.1	1.7	1.0	1.3
Brésil	..	0.7	1.2	-0.7	3.9	4.3	5.4	6.4	6.5	4.2	6.4	4.8	..	..
Chine	..	..	..	..	..	..	..	..	..	..	..	..	..	..
Inde	..	..	..	..	..	8.5	8.3	9.3	7.7	7.3	..	..	..	..
Indonésie	1.6	3.5	3.8	3.9	5.0	4.0	3.2	5.0	5.3	4.7	4.1	5.1	5.5	5.4
Fédération de Russie	7.1 e	9.3 e	8.3 e	7.5	11.9	11.7	12.0	14.2	10.4	-5.1	5.5	6.7	7.7	4.9
Afrique du Sud	4.1	3.5	3.2	2.8	6.2	6.1	8.8	6.5	1.2	-2.6	3.9	4.9	3.4	2.9

Note : Métadonnées détaillées :
http://stats.oecd.org/OECDStat_Metadata/ShowMetadata.ashx?Dataset=NAAG_2015_NOV15&Lang=fr&Coords=[INDICATOR].[P31S14_S15G]

1. Informations sur les données concernant Israël : http://dx.doi.org/10.1787/888932315602

StatLink http://dx.doi.org/10.1787/888933316608

Tableau 8.3. **Contribution à la croissance du PIB par composante de la demande finale**

Pourcentage

	Consommation des ménages			Consommation des administrations publiques			Formation brute de capital fixe			Variations de stocks			Exportations nettes des biens et services		
	2003	2008	2013	2003	2008	2013	2003	2008	2013	2003	2008	2013	2003	2008	2013
Australie	3.0	0.0	1.2	0.7	0.7	0.4	2.2	0.6	-0.4	0.5 e	-0.9 e	-0.4 e	-2.6	1.2	1.6
Autriche	0.9	0.4	0.0	0.2	0.7	0.1	0.9	0.3	-0.1	0.1	-0.6	-0.6	-1.3	0.7	0.4
Belgique	0.3	0.8	0.5	0.3	0.6	0.0	-0.1	0.4	-0.4	0.1	0.1	-0.7	0.1	-1.3	0.7
Canada	1.7	1.6	1.4	0.6	0.9	0.1	1.1	0.4	0.1	0.7	-0.1	0.4	-2.2	-1.8	0.2
Chili	2.8	2.9	3.7	0.1	0.0	0.4	1.4	3.6	0.5	..	..	..	-0.7	-3.9	0.6
République tchèque	2.4	1.3	0.4	1.3	0.2	0.5	0.5	0.8	-0.7	-0.6	-0.4	-0.6	0.0	0.8	0.0
Danemark	0.6	0.2	0.0	0.1	0.8	-0.1	0.0	-0.8	0.2	-0.5	-0.5	-0.2	0.2	-0.4	-0.3
Estonie	5.1	-2.6	1.9	0.7	0.7	0.3	5.4	-4.8	0.8	0.4	-3.2	-1.1	-3.3	5.0	0.2
Finlande	2.1	1.0	-0.2	0.3	0.3	0.2	0.6	0.1	-1.2	0.0	-0.5	0.0	-1.7	-0.2	0.4
France	0.8	0.2	0.2	0.4	0.3	0.4	0.4	0.2	-0.1	-0.3	-0.2	0.2	-0.5	-0.3	0.0
Allemagne	0.1	0.3	0.4	0.1	0.6	0.1	-0.3	0.3	-0.3	0.4	-0.2	0.6	-1.0	0.0	-0.5
Grèce	3.0	2.3	-1.6	0.6	-0.5	-1.4	3.6	-1.9	-1.2	1.0	-0.5	-0.2	-2.4	0.3	1.2
Hongrie	4.5	-0.6	0.2	1.1	0.7	0.5	0.3	0.2	1.4	0.0	-0.2	-0.7	-2.1	0.7	0.5
Islande	3.7	-4.0	0.5	0.5	1.1	0.3	1.9	-5.6	-0.2	-0.1	0.1	0.0	-3.2	9.7	3.7
Irlande	1.3	0.0	0.0	0.5	0.3	0.0	1.9	-3.3	-1.3	0.4	-0.6	0.3	0.6	2.5	3.0
Israël[1]	0.1	0.8	2.2	-0.8	0.5	0.9	-1.0	1.0	0.7	0.0	-0.6	-0.4	2.9	1.3	-0.1
Italie	0.5	-0.6	-1.7	0.2	0.2	-0.1	-0.1	-0.7	-1.2	0.1	-0.1	0.3	-0.7	0.2	0.9
Japon	0.3	-0.5	1.3	0.3	0.0	0.4	0.0	-0.9	0.7	0.3 e	0.2 e	-0.4 e	0.7	0.2	-0.3
Corée	-0.3	0.7	1.0	0.5	0.7	0.5	1.5	-0.3	1.0	0.3	0.2	-0.9	1.2	1.7	1.5
Luxembourg	0.8	0.4	0.3	0.6	0.3	0.7	1.0	1.5	-1.5	0.2	0.1	0.5	-2.3	-3.3	4.0
Mexique	1.5	1.3	1.5	0.1	0.3	0.2	0.1	1.1	-0.3	-1.0 e	0.3	-0.1	0.5	-1.7	-0.1
Pays-Bas	-0.1	0.4	-0.6	0.7	0.8	0.0	-0.3	0.9	-0.8	0.0	-0.3	-0.2	0.0	-0.1	1.1
Nouvelle-Zélande	3.6	-0.9	1.7	0.8	0.7	0.5	3.1	-1.8	2.2	0.1	-0.4	0.3	-3.0	0.2	-2.2
Norvège	1.4	0.7	0.8	0.3	0.5	0.3	0.1	0.2	1.5	..	..	..	-0.4	-0.9	-2.4
Pologne	1.1	3.7	0.1	0.6	0.9	0.4	0.2	1.8	-0.2	0.7	-1.3	-1.0	1.0	-1.2	1.9
Portugal	-0.1	1.0	-0.8	0.3	0.1	-0.3	-1.9	0.1	-0.8	-0.2	0.1	0.0	1.0	-1.0	0.8
République slovaque	1.7	3.4	-0.5	1.1	1.1	0.4	-0.9	0.4	-0.2	-1.8	1.2	0.6	5.4	-0.5	1.2
Slovénie	1.9	1.2	-2.3	0.5	0.9	-0.3	1.4	2.0	0.3	0.8	-0.9	0.2	-1.7	0.2	1.1
Espagne	1.4	-0.4	-1.8	0.8	1.0	-0.6	1.9	-1.2	-0.5	-0.1	0.1	-0.2	-0.8	1.6	1.4
Suède	1.1	0.1	0.9	0.2	0.3	0.3	0.5	0.1	0.1	0.2	-0.5	0.2	0.4	-0.6	-0.3
Suisse	0.2	0.8	1.3	0.3	-0.2	0.2	-0.3	0.2	0.3	0.4	0.1	0.9	-0.7	-0.1	2.6
Turquie	6.9	-0.2	3.6	-0.3	0.2	1.0	2.4	-1.3	0.9	-0.5 e	0.3 e	1.4 e	-3.8	1.7	-2.9
Royaume-Uni	2.3	-0.4	1.2	0.8	0.4	0.1	0.3	-1.1	0.4	0.1	-0.5	0.7	-0.1	0.8	-0.5
États-Unis	2.1	-0.2	1.2	0.3	0.4	-0.4	0.8	-1.1	0.5	0.0	-0.5	0.0	-0.4	1.1	0.2
Zone euro	0.6	0.2	-0.4	0.4	0.5	0.0	0.3	-0.1	-0.5	..	..	..	-0.7	0.1	0.4
OCDE-Total	1.5	0.1	0.8	0.3	0.4	0.0	0.6	-0.5	0.2	0.1	-0.2	0.0	-0.4	0.5	0.2
Brésil	..	..	..	..	..	..	..	..	..	..	..	..	..	..	..
Chine	..	..	..	..	..	..	..	..	..	..	..	..	..	..	..
Inde	..	4.4	..	..	1.1	..	..	0.5	..	..	-2.0	..	..	-2.6	..
Indonésie	2.5 e	3.2	3.1	0.8 e	0.9	0.6	0.1 e	3.4	1.7	66.3 e	3.5 e	-0.3	4.6 e	2.1	0.6
Fédération de Russie	3.8	5.1	2.5	0.4	0.6	0.2	2.5	2.0	0.1	0.5 e	0.9 e	-1.0 e	0.2	-3.0	0.5
Afrique du Sud	1.7	0.7	1.8	1.1	1.0	0.7	1.6	2.6	1.4	0.3	-0.7	-1.2	-2.2	-0.4	0.8

Note : Métadonnées détaillées :
http://stats.oecd.org/OECDStat_Metadata/ShowMetadata.ashx?Dataset=NAAG_2015_NOV15&Lang=fr&Coords=[INDICATOR].[P31S14_S15CG]

1. Informations sur les données concernant Israël : http://dx.doi.org/10.1787/888932315602

StatLink http://dx.doi.org/10.1787/888933316612

Tableau 9.1. Consommation finale des administrations publiques

Pourcentage du PIB

	Consommation individuelle							Consommation collective						
	2007	2008	2009	2010	2011	2012	2013	2007	2008	2009	2010	2011	2012	2013
Australie	10.5	10.8	11.1	10.9	11.0	10.9	10.8	6.6	6.7	6.9	7.0	6.9	6.9	6.9
Autriche	11.6	11.9	12.6	12.4	12.2	12.3	12.3	7.1	7.3	8.0	7.9	7.6	7.5	7.4
Belgique	13.3	14.0	15.1	15.0	15.2	15.5	15.6	8.2	8.5	9.0	8.6	8.5	8.8	8.8
Canada	12.0 e	12.3 e	13.7 e	13.5 e	13.2 e	13.2 e	13.2 e	7.5 e	7.8 e	8.8 e	8.5 e	8.4 e	8.4 e	8.4 e
Chili	5.1 e	5.7	6.4	6.2	6.0	6.1	6.5	5.3 e	5.5	6.2	6.1	6.1	6.0	6.0
République tchèque	9.4	9.4	10.4	10.3	10.2	10.2	10.2	9.6	9.7	10.3	10.2	9.5	9.2	9.4
Danemark	16.8	17.4	19.5	19.3	18.8	18.8	18.8	7.5	7.8	8.6	8.3	8.0	8.1	7.9
Estonie	8.9	10.4	12.1	11.4	10.4	10.1	10.2	7.1	8.2	9.0	8.7	8.2	8.2	8.5
Finlande	13.7	14.3	16.0	15.9	15.9	16.5	16.6	7.1	7.4	8.2	8.0	7.8	7.9	8.2
France	14.3	14.5	15.4	15.4	15.2	15.4	15.4	7.9	7.9	8.5	8.4	8.4	8.5	8.6
Allemagne	11.0	11.2	12.4	12.2	12.0	12.1	12.4	6.5	6.6	7.2	6.9	6.7	6.9	6.8
Grèce	10.2	10.5	11.4	10.9	10.9	10.4	9.7	10.4	10.2	11.9	11.3	10.9	11.3	10.7
Hongrie	11.0	11.2	11.5	11.1	10.6	10.3	9.8	9.8	10.2	10.7	10.6	10.2	9.8	9.9
Islande	15.3	15.6	16.1	15.8	15.5	15.3	15.4	7.6	7.9	8.7	8.9	9.2	9.2	8.9
Irlande	10.6	11.6	13.2	12.8	12.1	11.9	11.9	6.3	7.2	7.0	6.1	5.8	5.9	5.5
Israël[1]	10.4	10.6	10.7	10.8	10.8	11.0	11.4	12.2	12.0	11.7	11.5	11.3	11.2	11.1
Italie	11.2	11.4	12.1	12.0	11.4	11.4	11.4	7.7	8.0	8.5	8.4	8.2	8.1	8.2
Japon	10.1	10.5	11.4	11.3	11.9	12.1	12.2	8.0	8.1	8.6	8.4	8.5	8.3	8.4
Corée	6.8	7.1	7.5	7.1	7.4	7.5	7.6	7.2	7.5	7.7	7.4	7.2	7.3	7.4
Luxembourg	9.0	9.3	10.5	10.2	10.0	10.4	10.3	5.6	5.9	6.5	6.3	6.3	6.4	6.3
Mexique	5.0	5.3	5.7	5.7	5.7	5.8	6.0	5.5	5.6	6.3	6.0	5.9	6.1	6.2
Pays-Bas	15.2	15.6	17.4	17.6	17.4	17.7	17.4	8.0	8.3	9.1	8.9	8.6	8.6	8.7
Nouvelle-Zélande	11.0	12.0	12.2	12.3	12.3	12.3	11.9	7.4	7.9	7.6	7.5	7.4	7.1	7.1
Norvège	12.5	12.3	14.7	14.5	14.3	14.2	14.5	6.3	6.3	7.0	6.9	6.8	6.7	6.8
Pologne	10.0	10.4	10.7	10.2	9.8	9.8	9.9	8.0	8.2	8.2	8.9	8.3	8.2	8.3
Portugal	11.0	11.1	11.9	11.4	10.7	10.0	10.2	8.8	8.8	9.5	9.3	9.2	8.5	8.9
République slovaque	7.8	8.2	9.3	9.1	8.5	8.7	9.0	9.2	9.2	10.6	10.2	10.0	9.3	9.2
Slovénie	10.3	10.6	11.8	12.2	12.2	12.1	11.7	7.0	7.4	8.2	8.1	8.2	8.1	8.1
Espagne	10.2	10.8	12.0	11.8	11.7	11.2	11.1	7.5	8.0	8.5	8.7	8.8	8.5	8.5
Suède	17.6	17.9	18.9	18.2	18.1	18.6	18.8	6.4	6.7	7.3	7.0	7.0	7.4	7.5
Suisse	5.6	5.5	6.1	6.0	6.1	6.3	6.3	4.8	4.7	4.8	4.7	4.7	4.7	4.7
Turquie	4.5 e	4.6 e	5.2 e	5.1 e	5.0 e	5.3 e	5.4 e	8.2 e	8.2 e	9.5 e	9.2 e	9.0 e	9.6 e	9.7 e
Royaume-Uni	12.2	12.8	13.9	13.6	13.2	13.0	12.6	7.8	8.1	8.4	8.1	7.8	7.8	7.5
États-Unis	6.3	6.5	6.8	6.7	6.5	6.3	6.2	9.0	9.6	10.1	10.2	9.8	9.5	9.1
Zone euro	..	..	..	..	..	..	..	..	..	..	..	..	..	..
OCDE-Total	9.1 e	9.4 e	10.0 e	9.9 e	9.7 e	9.7 e	9.6 e	8.0 e	8.3 e	8.9 e	8.8 e	8.5 e	8.4 e	8.3 e
Brésil	..	..	..	7.5 e	7.7 e	..	..	..	..	..	11.5 e	11.0 e	..	..
Chine	..	..	..	..	..	..	..	..	..	..	..	..	..	..
Inde	2.9	3.2	3.8	..	..	..	..	7.4	7.9	8.2	..	..	..	..
Indonésie	..	..	..	3.5	3.4	3.5	3.6	..	..	..	5.6	5.7	5.7	5.9
Fédération de Russie	8.2	8.5	9.9	8.9	8.7	8.3	8.5	9.1	9.4	10.9	9.8	9.4	10.5	11.2
Afrique du Sud	8.2	8.8	9.4	9.7	9.4	9.2	9.4	9.6	9.9	10.4	10.5	10.5	10.7	10.9

Note : Métadonnées détaillées :
http://stats.oecd.org/OECDStat_Metadata/ShowMetadata.ashx?Dataset=NAAG_2015_NOV15&Lang=fr&Coords=[INDICATOR].[P3S13S]

1. Informations sur les données concernant Israël : http://dx.doi.org/10.1787/888932315602

StatLink http://dx.doi.org/10.1787/888933316625

Tableau 10.1. **Formation brute de capital fixe, volume**

Taux de croissance annuel en pourcentage

	2000	2001	2002	2003	2004	2005	2006	2007	2008	2009	2010	2011	2012	2013
Australie	-7.9	9.0	12.6	8.5	6.3	9.3	5.1	9.5	2.1	2.1	3.8	11.5	2.0	-1.5
Autriche	5.9	-1.3	-2.9	3.8	0.9	0.2	1.1	4.6	1.4	-7.3	-2.1	6.7	1.3	-0.3
Belgique	4.4	1.6	-4.3	-0.4	8.9	6.1	2.0	6.8	1.9	-6.6	-0.8	4.2	0.2	-1.7
Canada	5.1	4.8	1.0	5.2	8.4	9.2	6.3	3.2	1.6	-11.5	11.5	4.8	4.8	0.4
Chili	9.1	3.5	2.2	6.5	11.3	23.5	4.3	10.8	17.9	-12.1	11.6	15.0	11.6	2.1
République tchèque	8.4	5.6	2.2	1.8	3.9	6.4	5.9	13.5	2.5	-10.1	1.3	1.1	-3.2	-2.7
Danemark	8.2	-0.5	-0.7	0.0	4.2	4.8	15.1	0.7	-3.3	-14.3	-4.0	0.3	0.6	0.9
Estonie	13.6	12.3	23.9	17.8	5.5	15.3	22.9	10.3	-13.1	-36.7	-2.6	34.4	6.7	3.2
Finlande	6.2	1.8	-3.0	2.8	4.7	3.2	1.3	10.0	0.3	-12.5	1.1	4.1	-2.2	-5.2
France	6.6	2.3	-0.9	1.9	3.5	2.9	3.6	5.5	0.9	-9.1	2.1	2.1	0.2	-0.6
Allemagne	2.3	-2.5	-5.8	-1.3	0.0	0.7	7.5	4.1	1.5	-10.1	5.4	7.2	-0.4	-1.3
Grèce	3.0	5.2	-0.3	15.1	3.0	-11.9	19.4	15.9	-7.2	-13.9	-19.3	-20.5	-23.5	-9.4
Hongrie	5.2	2.7	7.8	1.3	7.6	3.6	0.7	4.2	1.0	-8.3	-9.5	-1.3	-4.4	7.3
Islande	11.0	-3.2	-12.8	9.8	26.7	32.0	23.4	-11.2	-19.0	-47.8	-8.6	11.6	5.3	-1.0
Irlande	4.9	5.8	5.6	7.9	9.8	16.7	7.5	-0.2	-11.5	-16.9	-15.5	3.2	8.6	-6.6
Israël[1]	3.0	-2.4	-5.4	-5.3	2.0	3.2	6.5	10.1	5.1	-2.9	10.0	14.6	3.6	3.6
Italie	6.7	2.9	4.2	-0.3	2.1	1.7	3.2	1.6	-3.1	-9.9	-0.5	-1.9	-9.3	-6.6
Japon	0.7	-2.1	-4.9	0.2	0.4	0.8	1.5	0.3	-4.1	-10.6	-0.2	1.4	3.4	3.2
Corée	12.9	1.5	6.9	4.8	2.9	2.0	3.6	5.0	-0.9	0.3	5.5	0.8	-0.5	3.3
Luxembourg	-4.7 e	8.2	0.2	4.4	6.4	-3.3	4.7	14.9	7.3	-13.2	0.0	17.2	-0.3	-7.2
Mexique	11.4 e	-5.6 e	-0.6 e	0.4 e	7.5	5.9	8.7	6.0	5.0	-9.3	1.3	7.8	4.8	-1.6
Pays-Bas	1.9	0.6	-4.5	-1.6	0.2	3.1	7.2	6.5	4.1	-9.2	-6.5	5.6	-6.3	-4.4
Nouvelle-Zélande	-3.0	8.5	7.9	14.2	8.1	5.7	-2.0	7.8	-7.4	-9.3	3.3	5.5	7.2	10.4
Norvège	-3.3	-0.6	-0.3	0.4	10.0	12.0	9.1	11.7	0.9	-6.8	-6.6	7.4	7.6	6.8
Pologne	2.2	-10.6	-6.1	1.2	6.7	8.7	13.3	19.2	8.4	-1.9	-0.4	8.8	-1.8	-1.1
Portugal	4.1	1.0	-3.4	-7.3	0.1	0.1	-0.8	3.1	0.4	-7.6	-0.9	-12.5	-16.6	-5.1
République slovaque	-8.8	12.9	0.0	-3.2	4.7	16.5	9.1	8.9	1.6	-18.7	7.2	12.7	-9.2	-1.1
Slovénie	2.4	2.0	0.5	5.8	5.4	3.5	10.2	12.0	7.0	-22.0	-13.3	-4.9	-8.8	1.7
Espagne	7.4	4.9	4.6	7.0	5.1	7.5	7.4	4.4	-3.9	-16.9	-4.9	-6.9	-7.1	-2.5
Suède	6.5	2.5	-2.3	2.5	5.8	5.1	9.3	8.1	0.6	-13.4	6.0	5.7	-0.2	0.6
Suisse	4.9	-2.0	0.2	-1.0	5.1	3.2	4.7	4.9	0.7	-7.5	4.4	4.3	2.9	1.2
Turquie	17.5	-30.0	14.7	14.2	28.4	17.4	13.3	3.1	-6.2	-19.0	30.5	18.0	-2.7	4.4
Royaume-Uni	3.2	-1.1	2.8	2.3	2.8	3.4	3.0	5.7	-5.9	-14.4	5.0	2.0	1.5	2.6
États-Unis	6.3	-0.5	-1.8	3.9	5.8	5.6	2.2	-1.2	-4.8	-13.1	1.1	3.7	6.3	2.4
Zone euro	4.7	1.0	-1.2	1.3	2.7	2.8	5.5	4.9	-0.6	-11.3	-0.4	1.6	-3.6	-2.6
OCDE-Total	5.1 e	-0.6 e	-0.6 e	2.8 e	4.5	4.6	4.1	2.6	-2.2	-10.9	2.0	3.6	1.8	0.8
Brésil	..	..	..	..	..	..	..	..	..	..	..	..	..	..
Chine	..	..	..	..	..	..	..	..	..	..	..	..	..	..
Inde	..	..	..	..	..	16.2	13.8	16.2	1.5	7.3	..	..	..	..
Indonésie	16.7	6.5	4.7	0.6	14.7	10.9	2.6	9.3	11.9	3.9	6.7	8.9	9.1	5.3
Fédération de Russie	16.6 e	10.9 e	3.1 e	13.9	12.0	10.2	17.9	21.1	9.7	-14.7	6.4	9.2	7.0	0.6
Afrique du Sud	3.9	2.8	3.5	10.2	12.9	11.0	12.1	13.8	12.8	-6.7	-3.9	5.7	3.6	7.6

Note : Métadonnées détaillées :
http://stats.oecd.org/OECDStat_Metadata/ShowMetadata.ashx?Dataset=NAAG_2015_NOV15&Lang=fr&Coords=[INDICATOR].[P51G]

1. Informations sur les données concernant Israël : http://dx.doi.org/10.1787/888932315602

StatLink http://dx.doi.org/10.1787/888933316632

Tableau 10.2. **Formation brute de capital fixe par type d'actif**

Pourcentage de la FBCF totale

	Logements		Autres bâtiments et ouvrages de génie civil		Matériels de transport		Machines et équipements et systèmes d'armes		Ressources biologiques cultivées		Droits de propriété intellectuelle	
	2002	2012	2002	2012	2002	2012	2002	2012	2002	2012	2002	2012
Australie	23.6	16.7	25.1	44.9	8.5	7.1	23.1	15.0	1.2	1.0	10.9	10.8
Autriche	19.2	19.1	29.8	28.6	9.8	8.9	25.2	24.0	0.2	0.1	15.7	19.2
Belgique	22.9	26.1	19.3	24.3	10.0	7.7	32.7	24.7	0.2	0.2	14.9	17.0
Canada	27.7	28.8	27.2	39.5	6.3	3.7	23.9	15.4	..	..	14.9	12.6
Chili	..	13.7	..	39.5	34.0	38.5	..	..	..	0.9	..	7.3
République tchèque	10.7	14.2	32.0	28.9	12.5	9.2	35.4	33.4	0.6	0.2	8.8	14.0
Danemark	20.6	21.6	24.5	21.9	11.4	7.9	25.0	21.0	0.0	0.0	18.6	27.6
Estonie	8.3	10.8	40.9	37.4	16.2	12.0	30.6	32.0	0.5	0.3	3.4	7.5
Finlande	23.5	28.2	29.0	27.4	5.4	5.2	21.1	17.8	0.2	0.1	20.9	21.3
France	25.8	27.8	25.9	28.2	7.4	6.2	18.9	15.6	0.2	0.2	21.8	22.0
Allemagne	28.0	28.8	20.8	20.3	8.0	9.2	..	..	0.0	0.1	16.1	17.6
Grèce	34.3	24.5	22.3	33.0	15.3	8.7	21.0	21.5	0.2	0.4	6.9	11.9
Hongrie	19.3	10.5	31.3	33.7	7.8	9.0	30.9	32.6	1.4	0.9	9.2	13.3
Islande	23.8	15.8	37.5	28.1	9.7	15.6	17.7	26.9	1.3	1.4	10.1	12.2
Irlande	36.0	9.6	26.8	18.3	10.9	27.0	12.0	9.6	-0.1	0.2	14.4	35.2
Israël[1]	24.9	30.0	20.4	19.6	7.7	7.3	23.2	21.3	0.2	0.3	23.6	21.6
Italie	23.0	27.4	27.6	25.3	7.6	4.8	29.3	28.2	0.3	0.2	12.3	14.1
Japon	16.7	14.2	35.1	32.3	8.1	10.0	31.9	33.7	..	..	8.2	9.7
Corée	15.6	11.0	37.1	38.6	8.9	8.7	24.3	22.8	..	..	14.1	19.0
Luxembourg	11.0	15.0	46.6	33.2	16.2	26.1	..	..	0.1	0.3	10.1	9.8
Mexique	..	27.4	..	37.4	..	9.0	..	24.2	..	0.1	..	1.8
Pays-Bas	26.3	18.5	28.3	29.6	5.6	6.7	22.0	21.9	0.3	0.2	17.4	23.0
Nouvelle-Zélande	25.1	24.1	23.2	30.2	12.2	7.1	27.1	24.0	..	..	12.4	14.5
Norvège	..	..	..	..	..	..	..	..	..	..	..	..
Pologne	14.8	13.4	36.8	44.2	9.1	8.0	32.6	27.7	0.3	0.2	6.5	6.5
Portugal	28.6	18.6	34.2	37.9	8.8	4.5	..	20.3	1.3	1.6	6.8	17.1
République slovaque	12.0	11.0	29.3	31.2	12.2	10.4	35.5	37.4	4.1	1.9	6.9	8.1
Slovénie	12.3	13.2	37.3	33.1	8.1	6.6	30.3	30.7	0.6	0.4	11.4	16.0
Espagne	36.1	25.8	29.9	30.8	8.1	7.4	18.2	21.3	0.4	0.5	7.2	14.2
Suède	13.4	15.2	21.3	24.6	6.3	6.6	29.2	26.7	0.3	0.3	29.4	26.6
Suisse	14.6	19.8	20.9	18.3	6.0	7.6	35.3	28.1	0.1	0.1	23.1	26.1
Turquie	48.6	44.3	..	..	..	..	51.4	55.7	..	..	..	..
Royaume-Uni	18.5	20.2	30.3	31.7	7.2	3.6	23.0	21.0	0.3	0.5	20.6	23.0
États-Unis	23.8	14.4	21.1	23.6	7.5	8.6	25.0	27.0	..	..	22.7	26.5
Zone euro	27.1	26.1	25.8	26.0	8.0	7.4	23.8	22.1	0.2	0.2	15.0	18.2
OCDE-Total	..	..	..	..	..	..	..	..	..	..	..	..
Brésil	..	..	..	..	..	..	..	..	..	..	..	..
Chine	..	..	..	..	..	..	..	..	..	..	..	..
Inde	..	..	..	..	..	..	..	..	..	..	..	..
Indonésie	..	72.9	..	..	..	6.4	..	13.0	..	5.6	..	2.1
Fédération de Russie	..	12.9	..	43.1	..	9.2	..	26.8	..	0.1	..	2.7
Afrique du Sud	13.1	10.2	21.6	35.9	11.1	10.7	48.3	37.9	1.4	0.8	4.6	4.4

Note : Métadonnées détaillées :
http://stats.oecd.org/OECDStat_Metadata/ShowMetadata.ashx?Dataset=NAAG_2015_NOV15&Lang=fr&Coords=[INDICATOR].[P51N1111SP51]
1.Informations sur les données concernant Israël : http://dx.doi.org/10.1787/888932315602

StatLink http://dx.doi.org/10.1787/888933316643

Tableau 10.3. **Formation brute de capital fixe par secteur institutionnel**

Pourcentage de la FBCF totale

	Sociétés				Administrations publiques				Ménages			
	2000	2004	2008	2012	2000	2004	2008	2012	2000	2004	2008	2012
Australie	48.7	50.2	55.6	60.3	13.0	10.5	12.4	11.8	38.2	39.2	32.0	27.9
Autriche	63.9	66.7	63.7	63.5	10.2	10.0	13.8	12.8	25.9	23.3	22.5	23.8
Belgique	63.1	64.5	62.9	63.0	10.8	9.7	8.7	11.0	26.1	25.8	28.3	26.0
Canada	55.7	48.3	48.1	50.9	14.9	15.5	16.7	16.5	29.4	36.2	35.2	32.7
Chili	..	..	66.9	75.4	..	..	9.7	8.8	..	..	23.3	15.8
République tchèque	68.2	66.2	64.7	67.8	13.6	16.6	17.1	14.8	18.2	17.2	18.2	17.4
Danemark	59.2	58.2	57.1	56.4	12.9	13.6	13.1	21.1	27.9	28.2	29.9	22.5
Estonie	71.7	69.3	62.8	62.7	16.5	13.9	19.9	23.5	11.8	16.9	17.3	13.7
Finlande	56.8	52.8	58.9	52.9	15.3	17.5	14.7	17.9	27.9	29.6	26.3	29.3
France	55.1	52.5	54.3	55.2	18.3	18.6	16.7	18.0	26.6	28.9	28.9	26.8
Allemagne	58.3	59.4	61.2	57.6	10.0	10.2	10.1	11.2	31.7	30.4	28.7	31.2
Grèce	..	..	31.0	34.9	..	..	20.6	20.7	..	..	48.3	44.4
Hongrie	65.2	57.6	63.9	65.7	14.0	15.8	13.8	19.3	20.8	26.6	22.3	15.0
Islande	..	..	..	..	..	..	..	..	..	..	..	..
Irlande	47.6	42.7	42.1	73.8	14.6	12.9	20.9	10.8	37.8	44.5	37.0	15.4
Israël[1]	..	..	..	..	9.0	8.7	7.9	7.3	..	..	..	..
Italie	52.6	51.3	50.2	51.1	14.0	14.5	14.0	13.9	33.5	34.2	35.8	34.9
Japon	59.7	62.5	69.7	68.3	20.2	17.5	13.4	15.0	20.2	20.0	16.9	16.7
Corée	62.6	60.9	67.5	68.2	17.2	18.3	16.9	16.1	20.1	20.8	15.6	15.7
Luxembourg	..	..	..	..	..	..	..	..	..	..	..	..
Mexique	..	58.6	54.6	57.0	..	7.7	11.5	11.0	..	33.7	33.9	32.0
Pays-Bas	53.6	46.4	48.2	55.9	16.4	18.9	17.9	19.8	30.0	34.7	34.0	24.3
Nouvelle-Zélande	67.6	62.7	64.4	66.2	14.8	16.3	18.9	16.7	17.5	21.0	16.7	17.1
Norvège	61.6	55.7	62.1	58.6	17.2	19.3	17.0	17.4	21.1	25.0	20.9	24.0
Pologne	71.2	56.5	55.9	52.2	7.9	15.9	21.3	24.3	20.9	27.6	22.8	23.5
Portugal	51.2	51.5	60.4	60.8	16.5	19.0	16.3	15.6	32.4	29.5	23.3	23.6
République slovaque	62.3	68.4	67.0	64.1	13.4	11.8	12.8	14.2	24.3	19.8	20.1	21.7
Slovénie	64.3	64.0	62.4	59.8	13.5	15.1	15.9	21.1	22.2	20.9	21.6	19.1
Espagne	58.2	55.0	56.1	67.7	14.0	13.9	15.8	12.4	27.7	31.1	28.1	19.9
Suède	72.8	68.2	69.9	69.1	17.8	19.0	17.5	20.1	9.4	12.8	12.6	10.8
Suisse	67.5	66.9	69.7	70.3	12.4	12.6	11.8	12.8	20.1	20.5	18.5	16.9
Turquie	..	..	..	..	..	..	..	..	..	..	..	..
Royaume-Uni	65.3	51.7	54.2	56.0	9.3	14.1	17.1	17.2	25.4	34.2	28.7	26.8
États-Unis	53.4	44.5	51.7	54.0	15.6	17.1	19.2	18.9	31.0	38.4	29.1	27.1
Zone euro	..	55.0	56.0	58.1	..	14.2	14.3	14.2	..	30.7	29.7	27.6
OCDE-Total	..	..	..	..	..	..	..	..	..	..	..	..
Brésil	..	..	..	..	..	..	..	..	..	..	..	..
Chine	69.0	62.2	69.1	64.5	8.8	11.6	11.5	10.6	22.1	26.1	19.5	24.8
Inde	..	..	..	..	..	..	..	..	..	..	..	..
Indonésie	..	..	..	..	..	..	..	..	..	..	..	..
Fédération de Russie	..	64.1	66.3	68.5	..	16.2	9.7	13.3	..	19.7	24.0	18.2
Afrique du Sud	..	..	70.1	74.2	..	..	15.5	15.2	..	..	14.3	10.6

Note : Métadonnées détaillées :
http://stats.oecd.org/OECDStat_Metadata/ShowMetadata.ashx?Dataset=NAAG_2015_NOV15&Lang=fr&Coords=[INDICATOR].[P51S11_S12SP51]

1. Informations sur les données concernant Israël : http://dx.doi.org/10.1787/888932315602

StatLink http://dx.doi.org/10.1787/888933316653

Tableau 11.1. **Exportations de biens et services, volume**

Taux de croissance annuel en pourcentage

	2000	2001	2002	2003	2004	2005	2006	2007	2008	2009	2010	2011	2012	2013
Australie	8.3	-0.8	0.2	1.2	3.3	2.6	3.9	3.6	1.8	5.1	0.9	5.0	6.0	5.8
Autriche	13.5	5.7	4.1	0.4	8.8	6.5	7.5	7.4	2.3	-15.0	13.8	6.0	1.7	0.8
Belgique	12.4	0.3	3.7	1.6	6.2	5.0	5.3	5.7	1.7	-9.4	10.3	6.7	1.8	1.6
Canada	9.1	-3.0	1.2	-1.7	5.5	2.2	0.9	1.1	-4.5	-13.1	6.9	4.6	2.6	2.0
Chili	5.1	6.9	2.0	6.7	14.0	2.8	5.1	7.2	-0.7	-4.5	2.3	5.5	0.1	3.4
République tchèque	14.8	9.5	0.9	8.8	29.7	18.2	14.3	11.0	4.2	-9.8	14.8	9.3	4.3	0.0
Danemark	12.6	3.4	3.6	-0.4	2.6	8.1	9.8	3.6	3.2	-9.5	1.9	7.3	0.1	0.8
Estonie	-7.0	6.3	2.8	10.2	17.3	19.9	9.5	12.6	0.9	-20.3	24.0	24.2	6.2	4.7
Finlande	16.1	1.3	3.7	-1.2	8.7	6.9	10.1	9.1	6.6	-20.1	6.2	2.0	1.2	1.1
France	12.7	2.9	1.9	-1.1	5.1	3.5	5.6	2.8	0.4	-11.3	9.0	6.9	2.5	1.7
Allemagne	13.8	5.7	4.3	1.9	11.4	6.7	12.3	9.3	1.9	-14.3	14.5	8.3	2.8	1.6
Grèce	22.2	0.1	-7.3	-0.7	18.6	3.3	5.2	10.6	3.5	-18.5	4.9	0.0	1.2	2.2
Hongrie	25.0	8.8	5.8	6.3	18.0	12.9	19.5	16.1	6.9	-11.4	11.3	6.6	-1.8	6.4
Islande	3.9	6.7	3.4	0.9	8.2	7.1	-4.7	23.3	3.3	8.3	1.0	3.4	3.6	6.7
Irlande	19.8	8.9	5.7	0.8	7.7	6.3	7.0	9.6	-0.1	-1.1	6.4	2.1	2.1	2.5
Israël[1]	23.4	-11.7	-2.1	8.1	17.6	4.7	5.0	10.4	5.8	-11.9	15.0	8.9	0.9	0.1
Italie	11.9	2.7	-2.8	-1.3	6.2	3.4	8.2	6.2	-3.1	-18.1	11.8	5.2	2.3	0.8
Japon	12.6	-7.0	7.9	9.5	14.0	6.2	9.9	8.7	1.4	-24.2	24.4	-0.4	-0.2	1.5
Corée	17.2	-2.3	13.0	13.9	20.6	7.8	12.1	12.7	7.5	-0.3	12.7	15.1	5.1	4.3
Luxembourg	12.6 e	5.5	2.1	2.8	10.9	5.5	13.0	8.9	6.0	-12.0	8.3	5.4	0.2	6.9
Mexique	16.3 e	-3.6 e	1.4 e	2.7 e	9.1	5.7	7.7	3.6	-1.3	-11.8	20.5	8.2	5.8	2.2
Pays-Bas	12.7	1.4	0.5	1.6	8.9	5.6	7.0	5.6	1.8	-8.9	10.5	4.4	3.8	2.1
Nouvelle-Zélande	6.1	3.3	7.5	2.7	3.2	-0.4	3.5	3.9	-2.7	4.0	2.8	2.3	3.0	0.3
Norvège	3.2	4.3	-0.3	-0.1	1.0	0.5	-0.8	1.4	0.1	-4.1	0.7	-0.8	1.4	-3.0
Pologne	23.6	3.1	4.8	14.1	4.9	9.7	15.6	10.2	7.0	-6.3	12.9	7.9	4.6	6.1
Portugal	8.4	2.3	3.1	3.3	4.5	0.5	12.4	7.3	-0.3	-10.2	9.5	7.0	3.4	7.0
République slovaque	7.5	10.6	7.0	18.4	20.9	12.9	22.9	14.6	3.0	-16.8	15.7	12.0	9.3	6.2
Slovénie	12.6	7.2	7.8	3.2	13.0	11.4	14.1	13.6	4.2	-16.6	10.2	6.9	0.6	3.1
Espagne	10.5	3.7	1.4	3.4	4.3	1.8	4.9	8.3	-0.8	-11.0	9.4	7.4	1.1	4.3
Suède	11.7	0.7	1.3	4.2	10.7	6.6	8.7	4.5	2.0	-14.5	11.9	6.1	1.0	-0.8
Suisse	12.2	0.0	-2.0	-1.0	9.5	6.5	6.3	11.4	3.9	-10.0	12.8	4.9	1.1	15.2
Turquie	16.0	3.9	6.9	6.9	11.2	7.9	6.6	7.3	2.7	-5.0	3.4	7.9	16.3	-0.2
Royaume-Uni	9.6	2.1	2.4	2.8	5.1	8.1	12.4	-1.6	1.3	-8.8	5.8	5.8	0.7	1.2
États-Unis	8.6	-5.8	-1.7	1.8	9.8	6.3	9.0	9.3	5.7	-8.8	11.9	6.9	3.4	2.8
Zone euro	13.1	3.7	2.1	1.0	8.2	5.0	8.5	7.1	1.0	-12.8	11.3	6.7	2.7	2.1
OCDE-Total	12.2 e	0.3 e	2.2 e	2.9 e	9.5	6.0	8.8	7.1	2.2	-10.9	11.6	6.7	3.1	2.6
Brésil	..	..	..	..	..	..	..	..	..	..	..	..	..	..
Chine	..	..	..	..	..	..	..	..	..	..	..	..	..	..
Inde	..	..	..	..	..	25.8	20.0	5.9	14.4	-5.5	..	..	..	..
Indonésie	26.5	0.6	-1.2	5.9	13.5	16.6	9.4	8.5	9.5	-2.0	15.3	14.8	1.6	4.2
Fédération de Russie	9.5 e	4.2 e	10.3 e	12.6	11.8	6.5	7.3	6.3	0.6	-4.7	7.0	0.3	1.1	4.6
Afrique du Sud	8.3	2.4	1.0	0.1	2.8	8.6	7.5	7.8	1.5	-17.0	7.7	4.3	0.1	4.6

Note : Métadonnées détaillées :

http://stats.oecd.org/OECDStat_Metadata/ShowMetadata.ashx?Dataset=NAAG_2015_NOV15&Lang=fr&Coords=[INDICATOR].[P6G]

1.Informations sur les données concernant Israël : http://dx.doi.org/10.1787/888932315602

StatLink http://dx.doi.org/10.1787/888933316666

Tableau 11.2. **Importations de biens et services, volume**

Taux de croissance annuel en pourcentage

	2000	2001	2002	2003	2004	2005	2006	2007	2008	2009	2010	2011	2012	2013
Australie	-1.1	1.4	13.2	13.3	12.4	7.9	10.2	14.5	-3.7	6.4	10.3	11.6	0.7	-2.1
Autriche	10.2	5.2	0.3	3.5	8.0	5.4	5.9	5.6	0.9	-12.0	12.0	6.2	1.1	0.0
Belgique	13.1	-0.7	0.9	1.5	6.3	6.2	4.6	5.9	3.6	-9.1	9.6	7.3	1.4	0.8
Canada	8.5	-4.9	1.8	4.2	8.5	7.3	5.3	5.8	0.8	-12.4	13.6	5.7	3.7	1.3
Chili	9.9	4.5	2.0	9.6	18.3	17.3	11.4	14.3	11.2	-16.2	25.5	16.0	4.8	1.7
République tchèque	14.5	11.2	4.8	8.6	26.1	12.8	11.5	12.8	3.2	-11.0	14.9	6.7	2.7	0.1
Danemark	13.7	2.4	6.4	-1.0	7.1	11.0	14.2	5.7	4.3	-12.4	0.9	7.1	0.9	1.5
Estonie	-5.4	12.4	13.3	14.0	16.1	16.7	20.7	13.0	-6.2	-30.6	21.2	27.2	11.7	4.5
Finlande	14.9	1.4	4.3	4.1	8.1	11.2	6.7	7.4	7.9	-16.9	6.5	6.0	1.6	0.0
France	15.4	2.4	1.9	0.9	6.2	6.3	5.6	5.7	1.3	-9.4	8.9	6.3	0.7	1.7
Allemagne	10.9	0.8	-2.5	5.7	7.9	5.8	11.1	6.2	2.2	-9.6	12.9	7.0	-0.3	3.1
Grèce	20.2	1.0	-3.4	7.4	4.4	0.9	13.3	15.5	1.3	-20.4	-3.4	-9.4	-9.1	-1.9
Hongrie	23.1	5.8	8.7	9.5	17.3	7.8	15.5	13.9	6.0	-14.7	10.1	4.5	-3.5	6.3
Islande	7.8	-10.0	-2.7	10.3	13.7	28.8	9.8	-2.3	-20.3	-22.4	4.4	6.8	4.6	0.2
Irlande	19.6	7.5	3.3	0.2	8.3	10.5	10.6	7.3	-2.7	-3.3	3.5	-1.5	2.9	0.0
Israël[1]	12.0	-5.5	-1.2	-0.7	11.9	3.5	3.3	11.0	2.4	-14.0	15.0	10.4	2.3	0.5
Italie	10.3	2.1	0.7	1.5	4.7	3.0	7.8	5.4	-3.7	-12.9	12.4	0.5	-8.1	-2.5
Japon	10.7	0.9	0.3	3.9	7.9	4.2	4.5	2.3	0.3	-15.7	11.1	5.9	5.3	3.1
Corée	21.8	-3.6	15.0	10.6	12.3	7.8	12.4	11.6	3.2	-6.8	17.3	14.3	2.4	1.7
Luxembourg	10.5 e	6.4	0.4	5.4	11.2	5.8	12.6	7.1	9.4	-13.3	8.6	7.5	1.5	5.7
Mexique	21.5 e	-1.6 e	1.5 e	0.7 e	9.7	7.7	10.2	5.9	4.4	-17.6	20.5	8.0	5.5	2.5
Pays-Bas	11.4	2.0	0.4	1.7	7.1	5.3	7.8	5.6	2.2	-7.7	9.3	3.5	2.7	0.9
Nouvelle-Zélande	-1.1	4.3	7.3	13.2	13.4	4.9	-1.7	10.9	-3.5	-9.3	11.5	6.6	1.3	8.0
Norvège	2.0	1.7	1.0	1.2	9.0	7.9	9.1	10.0	3.2	-10.0	8.3	4.0	3.1	4.3
Pologne	15.5	-5.3	2.8	9.6	8.1	6.3	18.1	15.8	9.4	-12.4	14.0	5.8	-0.3	1.7
Portugal	5.5	1.1	-0.2	-0.4	7.6	2.2	7.5	5.4	2.5	-9.9	7.8	-5.8	-6.3	4.7
République slovaque	6.6	18.9	5.8	8.0	21.6	15.3	19.5	9.4	3.6	-18.8	14.7	9.6	2.5	5.1
Slovénie	6.6	3.6	5.6	6.5	14.0	7.3	12.4	16.8	3.8	-18.8	6.8	5.0	-3.7	1.7
Espagne	9.5	3.5	3.6	5.9	10.1	7.0	8.2	8.6	-5.6	-18.3	6.9	-0.8	-6.2	-0.3
Suède	11.7	-1.7	-1.3	3.8	6.6	7.0	8.2	7.6	3.8	-14.1	12.8	7.3	0.5	-0.1
Suisse	7.9	1.0	-2.3	0.4	3.9	9.8	3.2	5.8	4.9	-3.8	8.1	9.2	-2.6	13.4
Turquie	21.8	-24.8	20.9	23.5	20.8	12.2	6.9	10.7	-4.1	-14.3	20.7	10.7	-0.4	9.0
Royaume-Uni	9.6	4.8	5.5	2.7	6.7	6.6	10.2	-1.3	-1.7	-9.2	8.3	0.6	2.9	2.8
États-Unis	13.0	-2.8	3.7	4.5	11.4	6.3	6.3	2.5	-2.6	-13.7	12.7	5.5	2.2	1.1
Zone euro	12.0	2.2	0.4	3.2	7.5	5.8	8.4	6.6	0.7	-11.5	9.9	4.3	-0.8	1.3
OCDE-Total	12.5 e	-0.1 e	3.0 e	4.6 e	9.5	6.7	8.3	5.9	0.4	-11.9	12.0	5.8	1.0	2.0
Brésil	..	..	..	..	..	..	..	..	..	..	..	..	..	..
Chine	..	..	..	..	..	..	..	..	..	..	..	..	..	..
Inde	..	..	..	..	..	32.5	21.3	10.2	22.7	-1.8	..	..	..	..
Indonésie	25.9	4.2	-4.2	1.6	26.7	17.8	8.6	9.1	10.0	-9.3	16.6	15.0	8.0	1.9
Fédération de Russie	32.4 e	18.7 e	14.6 e	17.3	23.3	16.6	21.3	26.2	14.8	-30.4	25.8	20.3	8.7	3.8
Afrique du Sud	5.3	0.2	5.3	8.1	15.5	10.9	18.3	9.4	2.8	-17.7	10.8	10.5	6.0	1.8

Note : Métadonnées détaillées :
http://stats.oecd.org/OECDStat_Metadata/ShowMetadata.ashx?Dataset=NAAG_2015_NOV15&Lang=fr&Coords=[INDICATOR].[P7G]

1. Informations sur les données concernant Israël : http://dx.doi.org/10.1787/888932315602

StatLink *http://dx.doi.org/10.1787/888933316676*

Tableau 11.3. **Exportations de biens et services**

Pourcentage du PIB

	2000	2001	2002	2003	2004	2005	2006	2007	2008	2009	2010	2011	2012	2013
Australie	22.1	20.7	18.9	17.0	18.1	19.6	19.9	19.8	22.5	19.5	21.2	21.3	19.9	20.9
Autriche	43.4	44.7	45.3	44.6	46.9	48.6	50.8	52.5	53.2	44.9	51.0	53.7	53.8	53.2
Belgique	71.9	71.0	70.3	68.6	70.4	73.5	75.7	77.5	79.7	69.3	76.4	81.6	82.3	82.2
Canada	44.4	42.2	40.3	37.0	37.5	37.0	35.5	34.3	34.5	28.4	29.1	30.6	30.2	30.2
Chili	30.5	32.2	32.6	35.5	39.8	40.3	43.9	45.2	41.5	37.2	38.1	38.1	34.3	32.4
République tchèque	48.3	49.1	45.2	47.1	57.4	62.3	65.3	66.6	63.4	58.8	66.2	71.6	76.6	77.3
Danemark	44.9	45.6	45.4	43.9	43.8	47.4	50.5	51.3	53.8	46.7	49.7	52.9	54.0	54.3
Estonie	61.6	61.3	58.3	57.4	61.5	65.9	63.5	63.2	66.8	60.8	75.1	86.5	86.6	86.8
Finlande	42.1	39.7	39.1	37.3	38.6	40.3	43.2	44.0	45.1	36.3	38.7	39.2	39.5	39.0
France	28.2	27.8	27.0	25.6	25.9	26.4	27.2	27.1	27.4	24.1	26.0	27.8	28.5	28.5
Allemagne	30.8	31.9	32.6	32.6	35.4	37.7	41.2	43.0	43.5	37.8	42.3	44.8	46.0	45.5
Grèce	23.7	22.8	20.1	18.5	20.7	21.3	21.2	22.5	23.4	19.0	22.1	25.5	28.7	30.6
Hongrie	66.8	64.9	58.1	56.4	59.7	62.8	74.3	78.3	79.7	74.8	82.3	87.2	86.8	88.0
Islande	32.5	37.4	36.0	33.0	32.7	30.5	31.1	33.4	41.5	49.8	53.7	56.6	57.0	55.7
Irlande	94.5	95.4	90.5	80.7	80.5	79.7	79.0	80.8	84.2	93.6	103.1	101.2	107.2	106.7
Israël[1]	35.6	31.3	32.9	34.7	39.2	40.8	40.7	40.4	38.5	33.3	35.0	36.1	36.9	33.2
Italie	25.6	25.7	24.5	23.4	24.1	24.6	26.2	27.4	27.0	22.5	25.2	27.0	28.6	28.9
Japon	10.9	10.4	11.3	11.9	13.2	14.3	16.2	17.7	17.7	12.7	15.2	15.1	14.7	16.2
Corée	35.0	32.7	30.8	32.7	38.3	36.8	37.2	39.2	50.0	47.5	49.4	55.7	56.3	53.9
Luxembourg	147.5	148.7	142.2	139.6	152.7	161.1	175.6	184.2	189.0	166.5	179.0	185.6	189.2	195.6
Mexique	27.7 e	24.7 e	24.0 e	24.9	26.2	26.6	27.6	27.7	27.9	27.3	29.9	31.3	32.7	31.8
Pays-Bas	66.5	63.8	60.8	59.7	63.5	66.6	69.3	70.3	71.6	63.2	72.0	77.4	81.9	82.6
Nouvelle-Zélande	35.7	35.4	32.8	29.8	29.5	28.2	29.6	29.4	32.4	29.0	30.5	30.8	29.2	29.3
Norvège	45.7	45.0	40.4	39.6	41.1	43.4	44.7	43.3	45.9	39.2	39.8	41.3	40.6	38.8
Pologne	27.2	27.2	28.8	33.4	34.6	34.9	38.2	38.8	38.3	37.6	40.0	42.5	44.4	46.3
Portugal	28.2	27.4	26.9	26.8	27.3	26.7	29.9	31.0	31.1	27.1	29.9	34.3	37.7	39.5
République slovaque	54.1	57.8	57.5	62.2	68.7	72.3	81.3	83.5	80.2	67.8	76.6	85.3	91.8	93.8
Slovénie	50.0	51.7	52.2	50.9	55.0	59.6	64.7	67.6	66.1	57.2	64.3	70.4	73.3	75.2
Espagne	28.6	27.9	26.5	25.4	25.2	24.7	24.9	25.7	25.3	22.7	25.5	28.9	30.6	32.0
Suède	44.1	43.8	42.1	41.2	43.4	45.9	48.2	48.3	49.8	44.5	46.2	46.7	46.3	43.8
Suisse	52.2	50.9	49.0	48.2	51.6	53.9	56.7	61.6	63.0	57.4	64.2	65.8	67.3	72.3
Turquie	20.1	27.4	25.2	23.0	23.6	21.9	22.7	22.3	23.9	23.3	21.2	24.0	26.3	25.6
Royaume-Uni	26.3	26.1	25.0	24.6	24.4	25.7	27.7	25.6	27.7	26.8	28.6	30.7	30.1	30.0
États-Unis	10.7	9.7	9.1	9.0	9.6	10.0	10.7	11.5	12.5	11.0	12.4	13.6	13.6	13.6
Zone euro	35.0	35.1	34.4	33.4	34.9	36.2	38.2	39.4	39.8	34.8	38.9	41.8	43.6	43.9
OCDE-Total	23.0 e	22.5 e	21.9 e	21.5	22.7	23.4	24.9	25.9	27.0	24.0	26.3	28.3	28.7	28.7
Brésil	10.2	12.4	14.2	15.2	16.5	15.2	14.4	13.3	13.5	10.9	10.7	11.5	..	..
Chine	23.3	22.6	25.1	29.6	34.1	37.1	39.1	38.4	35.0	26.7	29.4	28.5	27.3	26.2
Inde	..	..	..	..	17.6	19.3	21.1	20.4	23.8	19.8	..	..	..	..
Indonésie	39.1 e	37.2 e	31.2 e	29.0 e	30.7 e	32.5 e	29.6 e	28.1 e	28.4	23.6	24.3	26.3	24.6	24.0
Fédération de Russie	44.1 e	36.9 e	35.2	35.2	34.4	35.2	33.7	30.2	31.3	27.9	29.2	30.3	29.5	28.6
Afrique du Sud	27.2	29.4	31.8	26.9	25.5	26.4	29.3	31.2	35.6	27.9	28.6	30.4	29.7	31.0

Note : Métadonnées détaillées :
http://stats.oecd.org/OECDStat_Metadata/ShowMetadata.ashx?Dataset=NAAG_2015_NOV15&Lang=fr&Coords=[INDICATOR].[P6S]

1. Informations sur les données concernant Israël : http://dx.doi.org/10.1787/888932315602

StatLink http://dx.doi.org/10.1787/888933316686

Tableau 11.4. **Importations de biens et services**

Pourcentage du PIB

	2000	2001	2002	2003	2004	2005	2006	2007	2008	2009	2010	2011	2012	2013
Australie	22.0	20.6	21.0	19.7	20.8	21.4	21.5	22.4	22.4	20.4	20.1	21.5	21.1	21.3
Autriche	42.0	42.9	41.7	41.9	44.0	45.5	47.4	48.3	49.0	41.9	47.7	51.2	51.2	50.2
Belgique	69.2	67.7	64.8	63.4	65.7	69.9	72.0	73.7	79.2	67.0	74.7	81.1	81.7	80.9
Canada	38.8	36.6	36.0	33.2	33.0	33.1	32.8	32.2	32.7	29.9	31.0	31.8	32.1	31.8
Chili	28.7	30.5	30.3	31.5	30.5	31.8	29.6	31.9	39.5	29.6	31.7	34.9	34.5	33.1
République tchèque	50.2	50.4	46.5	48.3	56.6	60.0	62.5	64.1	61.2	54.9	63.1	67.7	71.7	71.5
Danemark	38.2	38.5	38.9	37.1	38.3	41.8	46.6	48.5	50.6	42.4	43.6	47.4	48.6	48.5
Estonie	64.9	65.3	65.8	65.9	69.4	71.0	73.6	72.1	70.7	55.8	68.7	80.8	85.6	84.6
Finlande	32.9	30.6	30.2	30.8	32.4	36.4	39.0	39.2	41.4	34.3	37.4	40.0	40.9	39.8
France	27.1	26.5	25.4	24.5	25.3	26.8	28.0	28.4	29.1	25.5	27.9	30.4	30.7	30.4
Allemagne	30.6	30.1	28.2	28.9	30.4	32.7	35.9	36.4	37.5	32.9	37.1	39.9	39.9	39.5
Grèce	34.6	33.4	30.2	29.6	29.2	29.6	31.7	35.0	36.0	28.8	30.7	32.3	33.1	33.4
Hongrie	70.5	66.1	60.1	60.4	63.7	65.1	75.4	77.7	79.3	70.8	77.0	81.1	80.1	80.7
Islande	39.5	38.3	34.5	36.0	38.1	42.4	48.3	42.5	43.7	40.8	43.5	48.6	50.9	47.7
Irlande	80.7	79.7	73.3	65.6	66.1	68.8	71.0	72.6	75.6	80.1	87.1	83.3	90.0	87.4
Israël[1]	35.6	33.6	35.7	35.4	39.0	40.7	40.4	41.1	38.8	30.4	32.8	35.4	35.6	31.4
Italie	24.8	24.5	23.7	22.9	23.5	24.8	27.1	27.8	27.7	23.1	27.1	28.6	27.6	26.5
Japon	9.4	9.8	9.9	10.2	11.3	12.9	14.9	16.1	17.5	12.3	14.0	16.0	16.7	19.0
Corée	32.9	31.2	29.3	30.7	34.5	34.4	36.4	38.1	50.0	42.9	46.2	54.3	53.5	48.9
Luxembourg	121.7	125.8	117.8	116.8	128.9	136.5	145.3	152.1	159.4	136.5	147.1	154.8	158.9	161.9
Mexique	29.5 e	26.6 e	25.6 e	26.3	28.0	28.1	28.9	29.3	30.2	28.8	31.1	32.6	33.8	32.7
Pays-Bas	60.0	57.2	54.0	52.9	55.6	57.9	60.5	61.4	63.0	55.8	63.6	68.8	72.3	71.6
Nouvelle-Zélande	32.8	31.8	29.8	28.0	29.2	29.6	30.0	29.2	32.6	26.6	28.2	29.2	28.5	27.6
Norvège	28.9	28.3	27.3	26.9	27.9	27.4	27.7	29.9	29.0	27.9	28.6	28.5	27.7	28.6
Pologne	33.6	30.8	32.2	36.0	37.2	35.9	40.1	42.1	43.2	38.3	42.1	44.5	44.9	44.4
Portugal	39.2	37.6	35.2	33.7	35.5	35.8	38.2	38.6	40.8	34.0	37.4	38.6	38.2	38.5
République slovaque	56.6	65.8	64.7	64.1	71.4	76.9	85.3	84.6	83.1	69.3	78.0	86.2	88.1	89.6
Slovénie	53.7	52.8	51.2	51.2	56.4	60.2	64.7	68.9	68.0	55.4	62.9	68.5	69.1	69.3
Espagne	31.6	30.2	28.5	27.7	29.0	29.7	30.8	31.7	30.4	23.8	26.8	29.2	29.1	28.7
Suède	38.2	37.5	35.8	34.9	35.8	38.7	40.6	41.3	43.5	38.7	40.7	42.0	41.4	39.3
Suisse	46.1	45.3	42.3	41.5	42.6	46.7	48.2	50.3	52.4	49.9	53.5	57.3	56.9	60.2
Turquie	23.1	23.3	23.6	24.0	26.2	25.4	27.6	27.5	28.3	24.4	26.8	32.6	31.5	32.2
Royaume-Uni	28.2	28.5	27.9	27.2	27.2	28.4	30.3	28.3	30.7	29.2	31.3	32.3	32.2	32.0
États-Unis	14.3	13.1	13.0	13.4	14.7	15.5	16.2	16.5	17.4	13.8	15.8	17.3	17.1	16.6
Zone euro	34.3	33.6	32.0	31.5	32.9	34.8	37.1	38.0	38.9	33.4	37.5	40.4	40.9	40.5
OCDE-Total	23.8 e	23.0 e	22.4 e	22.4	23.7	24.8	26.4	27.0	28.6	24.3	27.0	29.4	29.3	29.0
Brésil	12.4	14.6	13.4	12.9	13.1	11.8	11.7	12.0	13.7	11.3	11.8	12.2	..	..
Chine	20.9	20.5	22.6	27.4	31.4	31.5	31.4	29.6	27.3	22.3	25.6	25.9	24.5	23.8
Inde	..	..	..	..	19.3	22.0	24.2	24.4	28.9	25.0	..	..	..	..
Indonésie	29.7 e	30.0 e	25.7 e	22.6 e	26.9 e	29.2 e	25.0 e	24.8 e	28.0	21.1	22.4	23.9	25.0	24.8
Fédération de Russie	24.1 e	24.2 e	24.5	23.9	22.2	21.5	21.0	21.5	22.1	20.5	21.1	21.7	22.3	22.7
Afrique du Sud	24.3	25.4	28.0	24.5	25.6	26.7	31.0	32.5	37.2	27.5	27.4	29.6	31.0	33.2

Note : Métadonnées détaillées :
http://stats.oecd.org/OECDStat_Metadata/ShowMetadata.ashx?Dataset=NAAG_2015_NOV15&Lang=fr&Coords=[INDICATOR].[P7S]

1. Informations sur les données concernant Israël : http://dx.doi.org/10.1787/888932315602

StatLink http://dx.doi.org/10.1787/888933316690

Tableau 11.5. **Termes de l'échange**

Rapport entre les prix à l'exportation et les prix à l'importation

	2000	2001	2002	2003	2004	2005	2006	2007	2008	2009	2010	2011	2012	2013
Australie	52.8	53.6	54.3	58.4	64.0	70.9	76.0	80.3	86.4	82.9	100.0	100.4	90.4	87.0
Autriche	102.1	102.3	103.1	103.9	103.4	102.5	101.4	101.0	99.6	101.8	100.0	98.3	97.9	98.0
Belgique	103.0	103.1	103.7	103.4	102.5	101.7	101.0	101.2	98.5	101.6	100.0	98.8	98.5	98.6
Canada	87.5	86.5	84.5	89.1	93.1	96.4	97.4	100.3	104.6	95.3	100.0	103.5	102.5	102.5
Chili	54.7	53.1	54.0	58.0	69.9	77.2	95.9	97.6	81.1	85.2	100.0	99.7	95.2	92.3
République tchèque	97.0	99.8	103.3	103.4	104.6	102.2	100.2	101.3	100.0	102.0	100.0	98.5	97.9	99.0
Danemark	92.6	92.5	93.5	94.2	95.0	96.7	96.3	95.9	97.5	97.7	100.0	97.9	98.0	99.4
Estonie	85.6	89.5	93.0	94.6	95.3	97.1	99.4	101.4	101.6	102.0	100.0	100.4	99.8	101.0
Finlande	111.8	113.7	113.8	112.3	109.9	106.2	102.9	102.8	100.8	102.1	100.0	98.4	97.4	97.8
France	100.1	100.4	102.1	102.1	101.2	99.8	98.3	99.5	98.8	101.4	100.0	97.6	97.3	98.3
Allemagne	99.3	99.4	101.4	102.6	102.8	101.0	99.4	99.5	97.9	102.4	100.0	97.3	96.9	98.3
Grèce	98.1	98.9	100.3	102.1	102.0	101.0	101.0	101.5	100.3	99.6	100.0	99.5	97.9	99.5
Hongrie	101.2	101.8	103.1	102.7	102.6	100.8	99.4	99.9	98.6	99.9	100.0	98.6	97.6	98.2
Islande	116.5	116.6	117.3	112.4	110.7	111.8	115.2	111.1	103.7	95.7	100.0	97.3	94.4	92.6
Irlande	105.4	106.3	107.1	106.1	105.5	104.4	103.7	101.6	98.9	101.5	100.0	99.1	97.7	97.8
Israël[1]	107.3	107.1	106.8	104.5	101.8	100.2	99.3	97.5	95.0	102.6	100.0	96.7	99.6	102.1
Italie	101.9	103.1	104.8	106.5	105.5	102.2	99.1	100.1	98.0	104.2	100.0	97.4	95.9	97.4
Japon	135.9	136.0	134.8	131.0	125.4	116.2	108.0	103.6	93.8	106.2	100.0	92.4	91.0	89.2
Corée	118.1	115.0	117.2	115.3	112.0	107.9	103.2	103.1	96.1	99.8	100.0	95.5	95.3	97.3
Luxembourg	97.4	95.8	96.3	97.7	97.1	97.0	99.0	97.6	98.7	100.0	100.0	100.5	101.1	101.4
Mexique	92.4 e	92.9 e	94.0 e	92.9	92.6	95.5	98.6	99.6	103.0	98.8	100.0	99.9	100.1	100.9
Pays-Bas	98.2	99.4	100.1	100.4	100.0	100.4	100.6	100.5	100.3	101.1	100.0	98.5	98.2	98.8
Nouvelle-Zélande	82.4	85.0	83.9	89.2	93.2	92.5	91.2	99.0	97.1	92.7	100.0	101.5	97.0	108.3
Norvège	78.8	77.1	72.9	73.4	79.2	91.5	102.4	99.9	112.6	93.7	100.0	109.1	112.2	111.5
Pologne	95.2	95.2	94.5	94.1	97.6	98.7	98.7	100.3	98.7	102.0	100.0	98.5	97.2	98.3
Portugal	97.6	97.9	99.5	99.5	99.1	97.9	98.5	99.0	96.7	101.4	100.0	98.0	98.6	100.3
République slovaque	108.2	107.0	106.9	106.5	106.2	106.1	104.6	103.4	101.7	100.6	100.0	98.7	97.5	97.0
Slovénie	100.7	102.4	104.4	105.0	103.8	101.6	101.0	102.0	100.7	104.2	100.0	98.6	97.6	98.4
Espagne	92.9	94.5	97.3	98.6	98.2	99.0	99.2	99.8	97.4	102.4	100.0	96.3	94.6	95.7
Suède	105.0	103.6	101.9	102.0	100.7	98.9	98.6	100.0	99.6	100.5	100.0	99.2	99.3	99.6
Suisse	99.1	99.3	102.1	103.7	102.6	100.9	99.7	98.7	97.8	100.1	100.0	99.5	98.9	98.9
Turquie	101.0	98.9	101.6	105.1	107.4	107.0	102.3	104.3	101.0	103.2	100.0	95.1	92.7	96.5
Royaume-Uni	99.1	100.0	100.9	102.2	102.6	101.9	101.1	100.4	96.9	98.6	100.0	99.0	99.7	101.4
États-Unis	104.3	106.3	106.9	105.4	104.2	102.5	101.8	101.6	96.2	101.5	100.0	98.8	99.1	100.0
Zone euro	100.3	100.9	102.4	103.0	102.5	101.3	100.0	100.3	98.7	102.0	100.0	97.7	97.2	98.2
OCDE-Total	100.4 e	101.2 e	102.0 e	102.2	102.0	101.0	100.3	100.5	97.7	100.6	100.0	97.9	97.4	98.1
Brésil	..	..	..	..	..	..	..	..	..	..	..	..	..	..
Chine	..	..	..	..	..	..	..	..	..	..	..	..	..	..
Inde	..	..	..	..	..	..	..	..	..	..	..	..	..	..
Indonésie	119.2	116.4	110.1	112.3	111.2	109.4	115.5	111.1	99.7	101.8	100.0	102.0	96.7	93.0
Fédération de Russie	67.8 e	64.2 e	63.1	67.3	78.0	90.1	99.9	103.4	119.6	83.9	100.0	120.8	123.6	116.8
Afrique du Sud	73.3	74.2	76.1	79.3	80.8	82.1	86.2	88.8	89.6	94.4	100.0	104.3	102.9	97.4

Note : Métadonnées détaillées :
http://stats.oecd.org/OECDStat_Metadata/ShowMetadata.ashx?Dataset=NAAG_2015_NOV15&Lang=fr&Coords=[INDICATOR].[TOT]
1. Informations sur les données concernant Israël : http://dx.doi.org/10.1787/888932315602

StatLink http://dx.doi.org/10.1787/888933316705

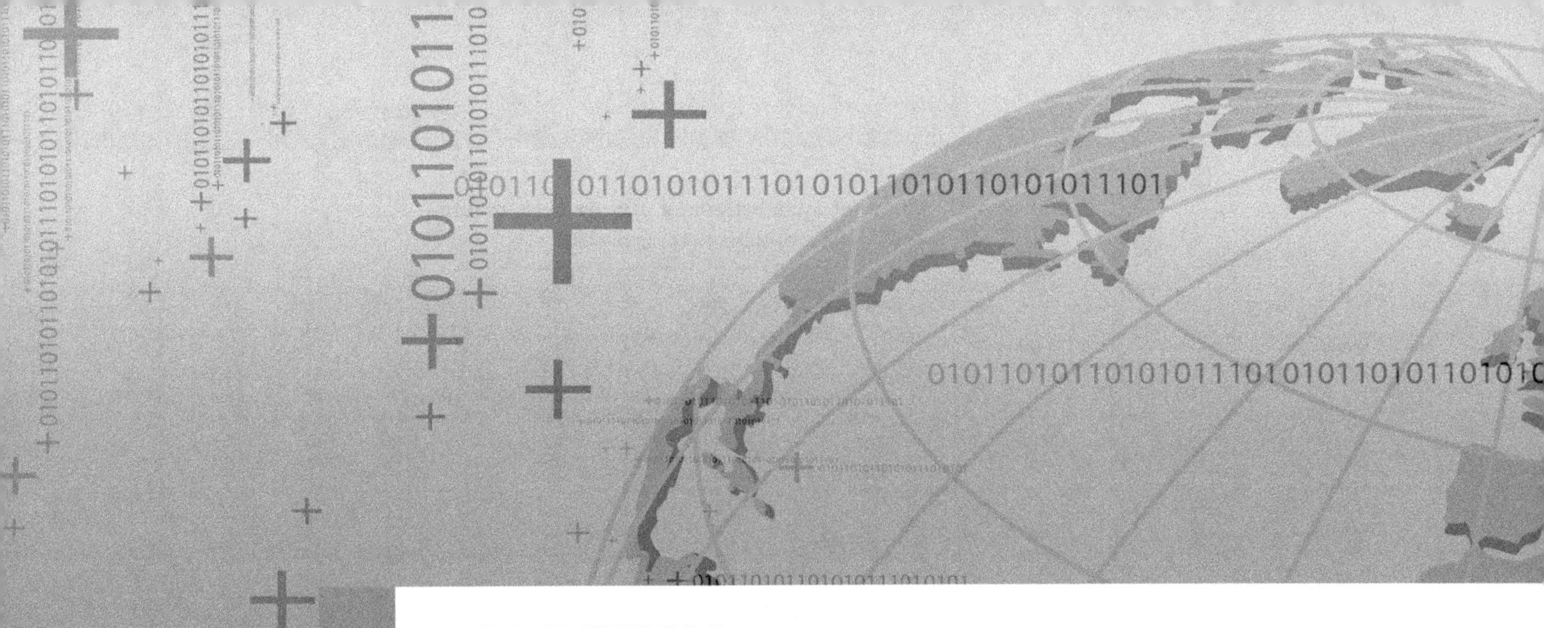

PRODUCTION

12. Valeur ajoutée

13. Rémunération des salariés

Tableau 12.1. **Valeur ajoutée brute aux prix de base, volume**

Taux de croissance annuel en pourcentage

	2000	2001	2002	2003	2004	2005	2006	2007	2008	2009	2010	2011	2012	2013
Australie	2.3	3.8	2.9	4.2	3.3	3.1	3.8	3.9	2.0	2.1	2.3	3.9	2.6	2.6
Autriche	3.9	1.5	1.6	0.9	2.9	2.2	3.7	3.7	1.7	-4.2	2.0	3.1	0.6	0.5
Belgique	3.5	1.3	1.7	0.9	3.2	2.2	2.4	3.4	1.2	-2.3	2.5	2.1	0.1	0.0
Canada	5.4	1.4	2.6	2.1	3.1	3.0	2.8	2.2	1.0	-3.0	3.5	2.7	1.8	..
Chili	5.0	3.3	2.7	3.6	6.7	5.9	5.6	4.7	3.0	-0.8	5.1	5.6	5.3	4.2
République tchèque	4.5	3.1	2.1	3.0	4.9	6.6	7.5	5.2	3.6	-5.5	2.9	2.0	-0.9	-0.5
Danemark	4.7	0.8	0.3	0.4	1.9	1.7	3.7	0.4	-0.2	-4.6	1.6	1.3	-0.6	-0.6
Estonie	9.8	6.0	5.6	7.5	5.7	9.4	9.9	7.3	-3.3	-15.3	3.8	7.8	4.9	1.7
Finlande	6.3	2.7	1.3	1.2	3.8	2.6	3.9	5.9	0.9	-8.8	3.0	2.0	-1.9	-1.3
France	3.8	2.0	1.1	0.7	3.0	1.4	2.4	2.5	0.4	-2.7	1.8	2.1	0.4	0.7
Allemagne	3.3	2.0	0.3	-0.6	1.6	0.7	3.7	3.9	1.2	-6.1	4.3	3.6	0.5	0.3
Grèce	3.3	3.8	3.9	6.2	5.8	0.4	4.4	2.7	-0.2	-3.4	-5.7	-9.0	-6.4	-2.6
Hongrie	4.1	3.9	4.5	3.9	4.9	4.3	3.8	0.3	0.7	-6.6	0.8	1.9	-1.8	2.5
Islande	4.5	3.7	-0.2	3.3	7.4	6.3	5.9	9.7	1.6	-4.4	-2.5	2.8	1.5	3.3
Irlande	9.5	5.9	5.4	2.9	4.0	5.0	6.8	5.0	-1.7	-3.9	1.0	0.9	-0.7	0.5
Israël[1]	8.1	0.3	0.2	0.9	4.7	4.2	5.5	5.9	2.7	1.4	5.2	4.8	2.9	3.3
Italie	3.8	1.7	0.3	0.1	1.6	0.8	1.9	1.6	-0.8	-5.5	1.8	0.6	-2.4	-1.5
Japon	2.1	0.0	0.2	1.4	2.1	1.7	1.9	2.2	-1.1	-6.4	4.5	-0.3	1.4	1.2
Corée	8.8	4.5	7.6	3.1	4.9	4.1	5.1	5.8	3.1	1.1	6.4	3.5	2.3	3.0
Luxembourg	7.5 e	2.7	3.5	1.1	4.1	2.8	5.6	8.5	-1.1	-5.7	6.0	2.0	-1.2	4.2
Mexique	6.6 e	0.1 e	1.0 e	1.6 e	4.2	3.1	5.0	3.2	1.4	-4.7	5.2	3.9	4.0	1.4
Pays-Bas	4.3	2.1	0.1	0.3	2.1	2.2	3.5	3.8	1.9	-3.4	1.7	2.0	-0.8	-0.2
Nouvelle-Zélande	2.9	3.4	4.7	4.4	3.7	3.4	2.6	2.8	-1.5	-0.3	1.4	2.3	2.1	2.4
Norvège	3.2	1.9	1.1	0.8	3.7	2.5	1.9	2.4	0.6	-1.8	0.3	0.7	2.7	0.5
Pologne	4.3	1.3	2.0	3.4	5.5	3.4	6.2	7.3	3.8	2.9	3.8	5.0	1.6	1.3
Portugal	3.7	2.2	0.7	-0.8	1.7	0.5	1.6	2.8	0.6	-2.5	1.8	-1.1	-3.2	-0.8
République slovaque	0.4	4.7	4.1	4.5	4.7	5.6	10.1	11.0	6.3	-5.4	5.2	2.2	2.5	1.1
Slovénie	4.6	3.6	4.2	3.0	4.3	3.9	5.9	7.1	2.9	-7.3	1.3	0.3	-2.4	-0.7
Espagne	5.4	4.1	2.8	2.8	2.9	3.5	4.3	4.2	1.3	-3.4	0.0	-0.6	-2.5	-1.6
Suède	5.3	1.4	1.9	2.4	4.6	2.7	4.8	3.4	-0.3	-5.8	6.2	2.9	-0.1	1.3
Suisse	3.7	1.6	0.3	0.0	2.7	2.9	3.9	4.1	2.4	-2.2	2.9	2.0	1.2	1.8
Turquie	6.5	-4.5	5.2	4.5	9.6	8.5	7.5	4.8	1.3	-3.6	9.1	8.9	2.3	4.9
Royaume-Uni	3.9	2.5	2.2	3.4	2.3	3.3	2.6	2.6	-0.2	-4.3	1.7	1.9	1.0	2.2
États-Unis	3.9	0.9	1.9	2.6	3.5	3.2	2.7	1.5	-0.5	-2.6	2.2	1.4	2.1	1.9
Zone euro	3.8 e	2.2	1.0	0.6	2.4	1.5	3.2	3.3	0.7	-4.6	2.1	1.7	-0.6	-0.2
OCDE-Total	4.1	1.3	1.7	2.0	3.2	2.8	3.2	2.6	0.3	-3.5	2.9	1.9	..	..
Brésil	..	1.4	3.6	1.3	5.5	3.0	3.7	5.7	4.6	-0.2	7.0	3.7	..	..
Chine	8.4 e	8.3 e	9.1 e	10.0 e	10.1 e	11.3 e	12.7 e	14.2 e	9.6 e	9.2 e	10.4 e	9.3	7.7	..
Inde	..	..	..	..	..	..	..	..	..	..	..	..	..	..
Indonésie	4.9 e	3.6 e	4.5 e	4.8 e	5.0 e	5.7 e	5.5 e	6.3 e	6.0 e	4.6 e	6.2 e	6.9	5.8	5.2
Fédération de Russie	9.3 e	4.9 e	4.7 e	7.5 e	6.6	6.0	7.9	8.4	5.2	-6.7	4.1	3.8	3.5	1.4
Afrique du Sud	4.4	2.9	3.8	3.0	4.5	5.3	5.5	5.4	3.3	-1.4	2.9	3.0	2.2	2.3

Note : Métadonnées détaillées :

http://stats.oecd.org/OECDStat_Metadata/ShowMetadata.ashx?Dataset=NAAG_2015_NOV15&Lang=fr&Coords=[INDICATOR].[B1GG]

1. Informations sur les données concernant Israël : http://dx.doi.org/10.1787/888932315602

StatLink http://dx.doi.org/10.1787/888933316711

Tableau 12.2. **Valeur ajoutée brute par activité**

Pourcentage de l'activité totale

	Agriculture, sylviculture et pêche	Industrie, y compris l'énergie	Construction	Commerce, transport et entreposage, activités d'hébergement et de restauration	Information et communication	Activités financières et d'assurances	Immobilier	Activités professionnelles, scientifiques et techniques, administration et appui administratif	Administration publique et défense, éducation, santé humaine et activités d'action sociale	Autres activités de services
	2012	2012	2012	2012	2012	2012	2012	2012	2012	2012
Australie	2.4	18.4	8.4	17.0	3.0	8.8	11.8	10.1	17.3	2.7
Autriche	1.5	22.4	6.4	23.3	3.3	4.3	9.3	9.2	17.4	2.8
Belgique	0.9	16.8	5.7	20.0	4.3	6.3	8.7	12.9	22.3	2.2
Canada	..	..	..	..	..	..	..	..	..	..
Chili	3.2	28.5	8.1	15.3	2.1	5.7	..	14.7	13.8	8.5
République tchèque	2.6	31.1	5.9	18.3	5.1	4.4	8.8	6.5	15.0	2.3
Danemark	1.8	18.6	4.5	18.9	4.5	6.4	10.2	8.2	23.5	3.6
Estonie	4.0	21.6	7.2	23.2	5.0	3.8	9.8	8.8	14.2	2.3
Finlande	2.7	20.5	6.6	17.0	5.2	2.7	11.6	8.4	22.1	3.1
France	1.8	13.8	5.9	17.8	5.0	4.2	12.8	12.8	22.8	3.0
Allemagne	0.8	26.3	4.5	15.6	4.7	4.2	11.2	10.7	17.9	4.0
Grèce	3.7	12.8	3.4	22.3	3.3	5.0	19.1	5.1	21.3	4.1
Hongrie	4.6	26.4	3.9	17.9	5.3	4.3	8.5	9.1	17.2	2.9
Islande	7.8	19.0	4.6	17.2	4.2	8.7	9.2	7.1	19.1	3.1
Irlande	1.2	24.5	2.4	15.6	11.0	9.4	6.4	9.8	17.2	2.3
Israël[1]	1.3	16.5	5.5	13.7	9.2	5.2	14.8	12.4	18.4	3.1
Italie	2.2	18.5	5.4	20.1	4.0	5.4	13.9	9.4	17.2	4.0
Japon	1.2	20.4	5.7	19.4	5.5	4.6	12.0	..	11.6	19.7
Corée	2.5	33.3	4.8	15.2	3.9	6.1	7.9	7.1	16.6	2.7
Luxembourg	0.4	6.9	5.3	17.5	6.8	26.6	8.1	10.5	15.8	2.0
Mexique	3.3	28.4	8.0	24.3	2.4	3.4	11.3	6.2	10.6	2.1
Pays-Bas	1.8	17.4	4.8	19.7	4.8	8.5	5.0	13.5	22.0	2.6
Nouvelle-Zélande	..	..	..	..	..	..	..	..	..	..
Norvège	1.3	35.3	5.8	13.8	3.7	4.4	6.7	7.0	20.2	1.8
Pologne	3.0	25.7	7.9	26.1	3.8	4.0	5.1	7.1	14.8	2.4
Portugal	2.2	17.0	4.9	24.4	3.7	6.3	11.8	6.8	20.0	2.9
République slovaque	3.5	26.3	9.0	21.1	4.7	4.1	6.8	7.2	13.8	3.4
Slovénie	2.1	25.9	5.8	20.0	4.3	4.3	7.5	9.5	17.9	2.8
Espagne	2.5	17.2	6.3	23.6	4.4	4.3	11.6	7.4	18.6	4.2
Suède	1.5	21.3	5.6	17.3	5.6	4.3	8.5	9.1	24.0	2.9
Suisse	0.7	21.0	5.2	20.9	4.0	10.4	1.0	9.4	18.7	8.8
Turquie	8.8	21.7	4.9	29.5	2.3	3.7	11.3	5.6	10.5	1.7
Royaume-Uni	0.7	14.9	5.9	17.8	6.3	7.6	11.7	11.8	19.2	4.2
États-Unis	1.3	16.7	3.8	15.8	6.1	7.1	11.3	11.7	22.9	3.2
Zone euro	1.7	19.6	5.3	18.9	4.6	5.0	11.5	10.5	19.4	3.5
OCDE-Total	..	..	..	..	..	..	..	..	..	..
Brésil	..	..	..	..	..	..	..	..	..	..
Chine	10.1	38.4	6.8	16.3	..	5.5	5.7	..	..	17.2
Inde	..	..	..	..	..	..	..	..	..	..
Indonésie	13.7	35.0	9.6	20.2	3.7	3.8	2.8	1.5	8.3	1.5
Fédération de Russie	..	..	..	..	..	..	..	..	..	..
Afrique du Sud	..	..	..	..	..	..	..	..	..	..

Note : Métadonnées détaillées :
http://stats.oecd.org/OECDStat_Metadata/ShowMetadata.ashx?Dataset=NAAG_2015_NOV15&Lang=fr&Coords=[INDICATOR].[B1GVASB1G]

1. Informations sur les données concernant Israël : http://dx.doi.org/10.1787/888932315602

StatLink http://dx.doi.org/10.1787/888933316725

Tableau 12.3. **Contribution à la croissance de la valeur ajoutée par activité**

Pourcentage

	Agriculture, sylviculture et pêche	Industrie, y compris l'énergie	Construction	Commerce, transport et entreposage, activités d'hébergement et de restauration	Information et communication	Activités financières et d'assurances	Immobilier	Activités professionnelles, scientifiques et techniques, administration et appui administratif	Administration publique et défense, éducation, santé humaine et activités d'action sociale	Autres activités de services
	2012	2012	2012	2012	2012	2012	2012	2012	2012	2012
Australie	0.0	0.7	0.2	0.4	0.0	0.3	0.4	0.3	0.4	-0.1
Autriche	-0.1	0.7	0.0	-0.1	-0.1	0.0	0.1	0.2	0.1	0.0
Belgique	0.0	-0.3	0.0	-0.2	0.1	0.3	0.0	-0.4	0.4	0.0
Canada	..	..	..	..	..	..	..	..	..	..
Chili	0.0	1.3	0.5	1.2	0.2	0.6	..	0.6	0.7	0.2
République tchèque	0.1	-0.7	-0.2	0.0	-0.1	0.0	0.2	0.1	0.0	0.0
Danemark	0.2	0.2	-0.1	-0.6	0.1	-0.1	-0.4	0.2	-0.3	0.0
Estonie	0.6	0.1	0.5	2.1	0.5	0.3	0.0	0.4	0.2	0.3
Finlande	-0.1	-1.9	-0.3	0.3	0.3	-0.1	0.0	0.1	-0.1	-0.1
France	-0.2	0.1	-0.3	0.1	0.2	0.1	0.2	0.0	0.3	0.0
Allemagne	0.0	0.1	-0.1	0.4	0.2	-0.1	-0.3	0.1	0.1	0.0
Grèce	0.4	-0.8	-0.2	-3.8	-0.4	-0.2	0.9	-0.4	-2.0	0.1
Hongrie	-1.0	-0.6	-0.3	0.0	0.1	-0.1	-0.2	0.1	0.3	-0.1
Islande	0.3	0.5	0.0	1.0	0.3	-0.1	-0.1	0.0	-0.3	0.0
Irlande	-0.1	-0.6	-0.1	-0.5	0.4	-0.4	0.4	0.3	-0.3	0.2
Israël[1]	-0.1	-0.6	0.4	0.4	0.7	0.0	0.4	1.5	0.0	0.2
Italie	-0.1	-0.5	-0.4	-0.7	-0.1	0.1	-0.1	-0.4	-0.2	-0.1
Japon	0.0	0.0	0.1	0.5	0.1	0.1	0.1	..	0.1	0.4
Corée	0.0	0.8	-0.1	0.4	0.2	0.2	0.0	0.2	0.5	0.0
Luxembourg	0.1	0.4	-0.6	-1.4	0.5	-1.1	0.3	0.0	0.7	0.0
Mexique	0.3	0.8	0.2	1.1	0.4	0.3	0.3	0.2	0.3	0.1
Pays-Bas	0.0	-0.2	-0.4	-0.1	0.0	-0.2	0.1	0.1	-0.1	0.0
Nouvelle-Zélande	0.2	0.2	0.6	0.4	0.1	0.1	0.1	0.2	0.3	0.0
Norvège	0.1	0.3	0.4	0.5	0.1	0.1	0.2	0.5	0.4	0.0
Pologne	-0.3	0.7	-0.3	1.0	0.4	-0.5	0.0	0.3	0.0	0.3
Portugal	0.0	-0.5	-0.8	-0.2	-0.1	-0.7	-0.2	-0.3	-0.3	0.0
République slovaque	0.1	-0.1	0.5	0.5	0.6	0.0	0.3	0.4	0.0	0.3
Slovénie	-0.2	-0.7	-0.5	-0.8	0.0	-0.2	0.0	-0.1	0.2	-0.1
Espagne	-0.3	-0.9	-1.1	-0.1	0.1	-0.1	0.2	-0.1	-0.1	-0.1
Suède	0.0	-0.9	-0.3	0.3	0.2	0.0	0.3	0.1	0.2	0.0
Suisse	0.0	-0.1	0.1	0.2	0.0	0.3	0.0	0.4	0.4	-0.1
Turquie	0.3	0.4	0.0	0.3	0.2	0.1	0.2	0.3	0.4	0.0
Royaume-Uni	-0.1	-0.4	-0.5	0.2	0.3	0.0	0.4	0.7	0.4	0.0
États-Unis	0.0	0.4	0.2	0.3	0.2	0.3	0.2	0.5	0.1	0.1
Zone euro	-0.1	-0.2	-0.3	0.0	0.1	0.0	0.0	-0.1	0.0	0.0
OCDE-Total	..	..	..	..	..	..	..	..	..	..
Brésil	..	..	..	..	..	..	..	..	..	..
Chine	0.5	3.1	0.6	1.4	..	0.5	0.2	..	..	1.3
Inde	..	..	..	..	..	..	..	..	..	..
Indonésie	0.6	1.8	0.6	1.2	0.5	0.3	0.2	0.1	0.4	0.1
Fédération de Russie	..	..	..	..	..	..	..	..	..	..
Afrique du Sud	..	..	..	..	..	..	..	..	..	..

Note : Métadonnées détaillées :
http://stats.oecd.org/OECDStat_Metadata/ShowMetadata.ashx?Dataset=NAAG_2015_NOV15&Lang=fr&Coords=[INDICATOR].[B1GVACG]

1. Informations sur les données concernant Israël : http://dx.doi.org/10.1787/888932315602

StatLink http://dx.doi.org/10.1787/888933316734

Tableau 13.1. **Rémunération des salariés**

Pourcentage de la valeur ajoutée brute

	2000	2001	2002	2003	2004	2005	2006	2007	2008	2009	2010	2011	2012	2013
Australie	53.8	52.9	53.0	52.5	52.5	51.9	52.0	52.2	50.3	50.9	50.8	51.2	51.5	51.0
Autriche	54.3	53.7	53.3	53.3	52.4	51.8	51.3	50.9	51.8	53.5	53.0	52.5	53.3	53.7
Belgique	55.8	56.9	57.1	56.6	55.3	54.9	54.9	54.8	56.3	57.5	56.1	56.4	57.2	57.5
Canada	53.5	53.8	54.1	53.5	53.1	52.7	53.4	53.4	52.6	55.2	53.7	..	..	..
Chili	43.8 e	43.8 e	43.6 e	42.5 e	39.9 e	38.3 e	34.8 e	35.2 e	39.7	41.1	39.3	40.6	42.3	43.6
République tchèque	42.2	42.2	43.3	43.6	43.7	44.0	43.7	43.6	44.3	44.1	44.4	44.7	45.7	45.8
Danemark	57.9	59.0	59.6	60.0	59.1	59.4	59.4	61.2	61.6	64.0	61.5	61.2	60.9	61.0
Estonie	50.6	49.9	49.8	49.7	49.8	49.5	49.8	51.6	56.0	58.2	54.0	51.0	51.3	51.7
Finlande	53.3	52.8	53.3	53.7	53.3	54.2	54.3	52.7	54.0	57.4	56.5	56.8	58.2	58.0
France	56.4	56.5	56.9	57.0	56.6	56.7	56.8	56.1	56.2	57.8	57.8	57.8	58.3	58.3
Allemagne	58.7	57.8	57.3	57.2	55.8	55.0	53.8	52.9	53.9	56.4	55.2	55.1	56.1	56.3
Grèce	34.6	34.6	37.1	37.0	36.7	38.2	37.8	38.2	38.8	40.0	41.1	40.3	39.1	37.1
Hongrie	50.9	50.8	49.8	51.9	51.6	51.9	51.0	51.8	51.8	51.9	50.4	49.9	50.7	49.9
Islande	63.8	61.0	61.7	63.7	63.6	66.0	69.0	67.7	62.0	53.7	54.9	56.9	58.7	59.1
Irlande	43.2	42.9	41.5	42.1	43.1	44.3	44.7	45.5	48.7	48.8	45.2	42.7	42.4	41.7
Israël[1]	53.9 e	55.4 e	54.0 e	52.8 e	51.7 e	51.7 e	52.3	52.5	53.1	51.0	51.1	51.3	50.5	..
Italie	41.2	41.2	41.6	41.8	41.7	42.3	42.9	42.7	43.4	44.6	44.5	44.3	44.4	44.1
Japon	52.9	53.3	52.4	51.5	50.6	50.7	50.8	50.0	51.5	52.0	50.9	52.3	52.0	52.0
Corée	45.7	46.4	46.4	47.4	47.1	48.4	48.9	48.6	48.5	48.0	46.8	47.1	47.9	48.3
Luxembourg	50.7	54.5	55.6	54.9	55.0	54.7	52.4	52.0	54.6	58.3	55.4	54.5	55.2	54.6
Mexique	31.2 e	32.3 e	32.1 e	31.7	30.1	29.8	29.0	28.8	28.6	30.0	28.8	28.0	28.0	28.6
Pays-Bas	56.2	56.1	56.6	56.7	55.8	54.4	53.1	53.1	53.8	56.3	54.7	54.9	55.3	55.2
Nouvelle-Zélande	43.1	43.1	43.8	44.2	44.8	46.0	46.9	46.9	48.9	48.0	47.9	47.9	..	..
Norvège	48.0	49.1	51.6	50.9	48.4	45.9	45.0	47.4	46.4	51.6	49.9	49.1	49.3	50.4
Pologne	46.5	47.4	45.6	44.5	41.8	41.9	41.6	41.7	44.1	42.3	43.0	42.1	42.0	42.1
Portugal	54.9	54.9	54.8	54.9	54.3	55.0	54.2	53.2	53.6	53.8	53.6	52.9	51.1	50.9
République slovaque	45.0	43.3	43.3	42.4	40.3	41.0	39.7	39.2	38.9	41.3	40.6	40.8	40.5	40.7
Slovénie	57.8	58.0	57.3	56.8	56.9	56.9	56.4	55.9	57.0	59.4	60.2	58.9	59.2	58.3
Espagne	53.4	53.0	52.9	53.1	53.0	53.2	53.5	53.7	54.6	54.6	54.7	54.0	52.1	51.7
Suède	50.9	52.3	52.3	51.9	51.1	51.2	50.2	50.9	51.9	53.8	51.7	52.5	54.1	54.4
Suisse	58.2	59.9	61.4	61.1	59.5	59.1	58.1	57.4	57.8	60.1	58.7	59.7	60.5	60.9
Turquie	..	..	..	..	..	..	..	..	..	..	..	..	..	..
Royaume-Uni	58.7	60.1	59.1	58.3	58.6	57.8	58.3	58.7	57.8	59.0	58.6	57.6	57.2	56.4
États-Unis	60.9	60.8	60.0	59.3	58.9	58.1	58.2	58.6	58.9	58.0	57.1	57.2	57.1	56.5
Zone euro	53.2	52.9	52.9	52.8	52.1	52.0	51.7	51.3	52.1	53.7	53.2	53.0	53.3	53.2
OCDE-Total	..	..	..	..	..	..	..	..	..	..	..	..	..	..
Brésil	45.5	46.5	45.6	44.8	45.0	45.8	46.5	46.8	47.5	49.1	49.0	49.7	..	..
Chine	52.7	52.5	53.6	52.8	50.6	50.3	49.1	48.0	47.8	48.8	47.3	46.8	49.2	..
Inde	..	..	..	..	30.3	29.1	27.8	27.7	29.6	30.0	..	..	..	..
Indonésie	..	..	..	..	..	..	..	..	..	..	..	..	..	..
Fédération de Russie	45.9 e	49.2 e	52.9	53.6	52.8	51.2	52.2	54.5	55.6	60.3	57.4	58.2	58.9	60.2
Afrique du Sud	51.8	50.2	47.9	48.4	48.3	48.2	48.0	47.6	47.8	48.6	49.5	49.8	50.1	50.8

Note : Métadonnées détaillées :
http://stats.oecd.org/OECDStat_Metadata/ShowMetadata.ashx?Dataset=NAAG_2015_NOV15&Lang=fr&Coords=[INDICATOR].[D1SB1G]

1. Informations sur les données concernant Israël : http://dx.doi.org/10.1787/888932315602

StatLink http://dx.doi.org/10.1787/888933316741

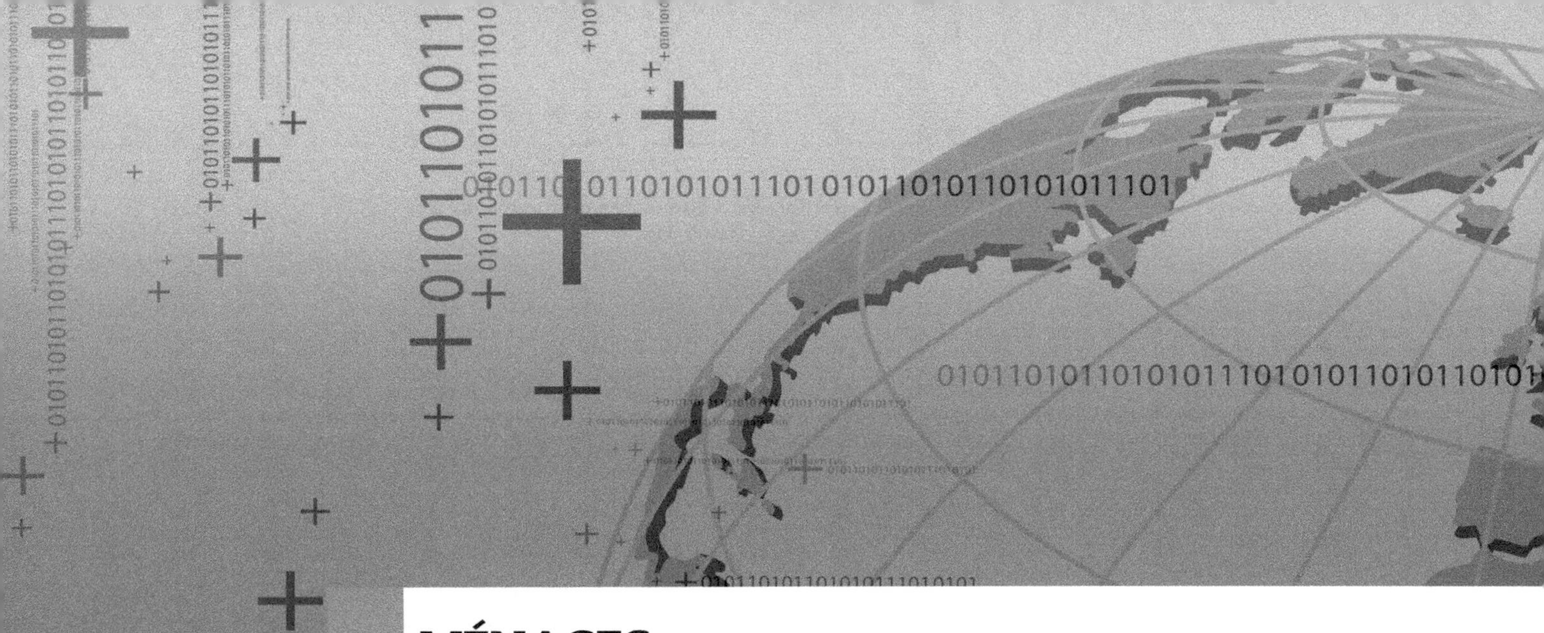

MÉNAGES

Tableau 14.1. **Revenu disponible brut ajusté des ménages par tête**

PPA courantes, dollars USD

	2000	2001	2002	2003	2004	2005	2006	2007	2008	2009	2010	2011	2012	2013
Australie	21 450	22 530	23 421	24 323	26 054	26 440	27 474	29 464	30 817	30 753	32 200	33 715	34 151	34 843
Autriche	22 973	22 900	24 455	25 161	26 174	26 794	28 597	29 288	30 404	30 362	31 061	31 553	32 785	32 421
Belgique	21 872	22 787	24 272	23 783	24 445	24 332	25 257	25 951	27 509	27 899	28 285	29 156	29 970	29 903
Canada	20 924 e	21 668 e	22 231 e	22 885 e	24 066 e	25 071 e	26 164 e	27 528 e	28 412 e	28 305 e	29 233 e	29 987 e	30 551 e	31 175 e
Chili	..	..	..	..	..	..	..	..	10 583	11 161	11 920	13 696	14 912	15 923
République tchèque	11 994	12 942	13 745	14 335	15 014	15 437	16 393	17 371	17 182	17 983	18 301	18 930	19 296	19 452
Danemark	18 300	18 858	20 748	20 226	21 038	20 956	22 456	23 298	24 272	25 044	26 368	27 149	28 025	27 796
Estonie	7 548	7 833	8 606	9 202	10 015	10 622	11 906	13 301	14 956	14 166	14 269	15 234	15 799	16 880
Finlande	17 051	17 503	19 074	19 451	20 826	21 232	22 485	24 249	26 123	26 568	27 498	28 489	29 586	29 939
France	21 295	22 708	24 620	23 770	24 626	24 931	25 881	27 180	28 112	28 305	29 211	29 785	30 235	30 259
Allemagne	21 547	22 497	23 499	24 384	25 098	26 304	27 330	28 229	29 488	29 207	30 946	32 140	33 391	33 586
Grèce	..	..	..	..	..	..	21 636	22 799	24 632	24 645	22 971	21 298	20 213	19 359
Hongrie	9 730	10 615	11 801	12 201	12 850	13 290	13 841	13 732	14 171	14 325	14 832	15 801	15 941	16 390
Islande	..	..	..	..	..	..	..	..	..	..	..	..	..	..
Irlande	16 819	18 349	19 560	20 486	21 664	22 903	23 722	24 889	25 390	24 971	25 019	24 234	24 305	24 199
Israël[1]	..	..	..	..	..	..	..	..	..	..	..	..	..	..
Italie	20 948	22 607	22 595	22 847	23 191	23 536	24 796	25 893	27 223	26 490	27 251	27 354	26 684	26 813
Japon	18 596	18 750	19 827	20 509	21 269	22 382	23 044	23 868	24 275	24 593	25 609	26 568	27 603	28 005
Corée	12 278	12 658	13 454	13 967	14 882	15 494	16 364	17 200	17 924	18 157	19 039	19 859	20 593	21 450
Luxembourg	..	..	..	..	..	..	..	..	..	..	..	..	..	..
Mexique	..	..	..	9 320	9 816	10 339	11 347	11 780	12 441	11 492	12 230	12 843	13 277	13 622
Pays-Bas	22 048	23 541	25 356	24 362	25 118	25 311	27 161	28 563	29 619	29 506	28 894	29 321	29 540	29 186
Nouvelle-Zélande	15 007	15 815	15 899	16 656	17 692	17 914	19 374	20 670	21 493	21 650	22 559	23 182	24 162	..
Norvège	20 350	20 696	23 159	24 518	25 821	27 098	26 587	28 698	29 967	30 826	31 685	32 525	34 325	34 989
Pologne	9 271 e	9 726 e	10 373 e	10 418 e	10 669 e	10 818 e	11 566 e	12 909 e	13 784 e	14 738 e	15 887 e	16 485 e	17 551 e	18 251 e
Portugal	14 491	15 096	15 987	16 148	16 862	18 154	18 957	19 524	20 432	20 676	21 264	20 917	21 353	21 723
République slovaque	8 814	9 665	10 684	10 549	11 075	11 935	12 806	14 695	16 271	16 661	17 883	17 981	18 418	19 192
Slovénie	14 064	14 809	16 116	16 046	16 892	17 558	18 509	19 359	20 630 |	19 924	20 273	20 794	20 830	20 740
Espagne	17 135	18 297	20 065	20 175	20 830	21 239	22 246	22 427	23 535	23 857	23 332	23 396	23 328	23 555
Suède	18 786	19 890	21 502	21 708	22 288	22 275	23 631	25 447	26 980	27 194	27 414	28 683	29 930	30 124
Suisse	24 013	25 046	26 382	25 805	26 603	26 871	28 329	30 585	32 243	32 649	32 811	34 130	35 867	36 620
Turquie	..	..	..	..	..	..	..	..	..	..	..	..	..	..
Royaume-Uni	21 807	23 230	24 804	25 050	26 599	27 057	28 284	28 595	28 534	29 003	28 098	27 661	28 948	28 669
États-Unis	28 728	29 894	31 030	32 295	33 984	35 238	37 240	38 573	40 044	39 588	40 313	41 888	43 502	43 689
Zone euro	19 728	20 940	22 174	22 302	22 993	23 622	24 758	25 713	26 887	26 773	27 432	27 928	28 302	28 397
OCDE-Total	..	..	..	..	..	..	..	..	..	..	..	..	..	..
Brésil	..	..	..	..	..	..	..	..	..	..	..	..	..	..
Chine	..	..	..	..	..	..	..	..	..	..	..	..	..	..
Inde	..	..	..	..	..	..	..	..	..	..	..	..	..	..
Indonésie	..	..	..	..	..	..	..	..	..	..	..	..	..	..
Fédération de Russie	..	..	6 615	7 086	7 907	8 818	10 687	12 340	14 365	14 522	15 808	17 351	19 204 e	20 865 e
Afrique du Sud	..	..	..	..	..	..	..	..	7 613	7 734	7 837	8 357	8 647	8 913

Note : Métadonnées détaillées :

http://stats.oecd.org/OECDStat_Metadata/ShowMetadata.ashx?Dataset=NAAG_2015_NOV15&Lang=fr&Coords=[INDICATOR].[B7GS14_S15HCPC]

1.Informations sur les données concernant Israël : http://dx.doi.org/10.1787/888932315602

StatLink http://dx.doi.org/10.1787/888933316755

Tableau 14.2. **Revenu (ajusté) disponible net des ménages en valeurs réelles**

Taux de croissance annuel en pourcentage

	Net							Net ajusté						
	2007	2008	2009	2010	2011	2012	2013	2007	2008	2009	2010	2011	2012	2013
Australie	7.1	6.8	1.3	4.9	3.7	0.9	1.5	6.5	6.5	1.4	4.4	3.8	0.8	1.6
Autriche	2.1	0.7	-0.3	-1.1	-0.3	2.0	-2.0	2.3	1.1	0.0	-1.0	0.0	1.8	-1.5
Belgique	2.0	2.2	2.1	-1.2	-1.1	0.4	-0.7	2.0	2.2	1.9	-0.6	-0.5	0.6	-0.5
Canada	3.7	4.0	1.6	2.4	2.3	2.7	2.4	3.4 e	3.8 e	1.6 e	2.6 e	1.9 e	2.4 e	1.9 e
Chili	..	..	6.4	6.3	9.2	7.4	5.8	..	..	..	..	..	..	..
République tchèque	3.1	2.3	2.1	0.1	-1.6	-1.1	-0.9	2.8	2.0	2.3	0.1	-1.6	-1.0	-0.5
Danemark	-0.8	-0.9	2.7	3.6	1.0	-0.5	-1.4	-0.2	0.5	2.9	3.2	0.4	-0.5	-1.0
Estonie	11.0	5.3	-9.2	-4.3	3.8	0.3	6.3	10.2	5.1	-7.8	-3.7	3.2	0.6	5.2
Finlande	3.5	2.3	1.1	2.9	1.0	-0.2	0.3	3.0	2.2	1.0	2.4	1.0	0.0	0.2
France	2.9	0.1	1.7	1.3	0.1	-0.9	0.0	2.8	0.3	1.8	1.4	0.4	-0.3	0.3
Allemagne	0.0	0.6	-0.6	0.4	0.9	0.5	0.5	0.4	1.1	-0.1	0.7	1.0	0.6	0.6
Grèce	3.2	0.9	0.0	-11.0	-9.8	-7.6	-8.4	3.7	0.8	-0.3	-9.5	-9.2	-7.9	-8.4
Hongrie	-3.2	-2.4	-4.4	-2.5	3.9	-3.2	1.6	-4.1	-1.5	-3.7	-2.6	3.3	-3.1	1.6
Islande	..	..	..	..	..	..	..	..	..	..	..	..	..	..
Irlande	6.3	6.7	0.3	-2.7	-3.5	-1.0	-2.3	6.4	5.3	1.0	-2.5	-3.3	-1.2	-1.4
Israël[1]	..	..	..	..	..	..	..	..	..	..	..	..	..	..
Italie	1.3	-1.4	-2.3	-1.8	-0.5	-5.7	-0.6	1.2	-1.1	-1.9	-1.4	-0.6	-4.9	-0.5
Japon	0.8	-1.2	1.3	2.6	0.7	1.0	0.7	1.0	-0.8	1.4	2.5	1.1	1.3	0.8
Corée	2.9	1.4	1.1	3.5	2.0	1.5	4.0	3.1	1.7	1.8	3.6	2.4	1.8	4.0
Luxembourg	..	..	..	..	..	..	..	..	..	..	..	..	..	..
Mexique	2.5	2.0	-7.5	6.3	3.3	2.6	3.2	2.4	2.1	-6.9	6.0	3.3	2.6	3.2
Pays-Bas	1.9	-0.9	0.7	-0.7	0.6	-1.2	-0.9	1.9	0.2	1.7	0.0	0.8	-1.1	-0.8
Nouvelle-Zélande	5.0	-1.9	2.8	3.5	1.4	3.9	..	4.9	-0.8	2.4	3.5	1.5	3.2	..
Norvège	6.0	3.4	3.2	2.3	4.1	4.4	3.0	5.2	3.0	4.0	2.3	3.2	3.8	2.7
Pologne	5.2	4.3	6.0	1.8	0.0	1.1	2.8	5.0	4.5	5.8	2.7	-0.6	1.1	3.6
Portugal	1.4	1.0	1.5	1.0	-5.6	-5.1	-0.9	1.2	1.1	1.7	0.7	-5.6	-4.8	-0.7
République slovaque	9.6	5.0	1.4	2.9	-2.3	-1.8	1.7	10.3	5.4	1.4	2.8	-2.7	-1.4	2.0
Slovénie	4.6	2.8	-1.3	-0.5	0.1	-4.2	-2.1	4.1	2.9	-0.7	-0.4	0.3	-3.7	-1.8
Espagne	0.4	1.8	3.0	-3.5	-1.3	-5.3	-1.5	1.2	2.4	3.4	-2.9	-1.2	-5.2	-1.8
Suède	5.6	2.0	2.6	1.7	4.1	3.8	1.7	4.1	1.7	2.5	1.5	3.1	2.8	1.4
Suisse	3.9	1.1	2.1	1.2	1.7	4.0	3.2	3.5	0.7	2.6	1.1	1.7	4.0	3.0
Turquie	..	..	..	..	..	..	..	..	..	..	..	..	..	..
Royaume-Uni	2.6	0.9	3.3	0.7	-2.1	2.6	-1.1	2.4	1.1	3.1	0.8	-1.5	2.5	-0.6
États-Unis	1.9	1.8	-0.3	1.3	2.7	3.3	-1.5	1.9	1.7	-0.1	1.0	2.3	2.9	-0.3
Zone euro	1.5	0.3	0.3	-0.8	-0.1	-1.9	-0.5	..	..	..	..	..	..	..
OCDE-Total	..	..	..	..	..	..	..	..	..	..	..	..	..	..
Brésil	..	..	..	..	5.0	..	..	..	..	..	..	..	..	..
Chine	..	..	..	..	..	..	..	..	..	..	..	..	..	..
Inde	..	..	..	..	..	..	..	..	..	..	..	..	..	..
Indonésie	..	..	..	..	..	..	..	..	..	..	..	..	..	..
Fédération de Russie	14.1	8.0	-2.0	8.6	4.7	6.1	3.1	12.3	7.2	-1.9	7.0	4.0	4.9	2.4
Afrique du Sud	..	..	0.8	5.1	5.3	2.7	3.3	..	..	0.9	5.0	4.7	2.5	3.2

Note : Métadonnées détaillées :

http://stats.oecd.org/OECDStat_Metadata/ShowMetadata.ashx?Dataset=NAAG_2015_NOV15&Lang=fr&Coords=[INDICATOR].[B7NS14_S15DEFG]

1.Informations sur les données concernant Israël : http://dx.doi.org/10.1787/888932315602

StatLink http://dx.doi.org/10.1787/888933316760

15. Dépenses de consommation finale des ménages pour le logement

Tableau 15.1. Consommation en logement des ménages

Pourcentage du revenu disponible ajusté net

	2000	2001	2002	2003	2004	2005	2006	2007	2008	2009	2010	2011	2012	2013
Australie	16.3	16.2	16.7	16.7	16.6	16.8	16.8	16.7	16.6	17.2	17.3	17.4	18.1	18.4
Autriche	14.8	15.1	15.1	15.1	15.4	15.9	15.9	15.4	15.7	15.8	16.2	16.5	16.5	17.0
Belgique	16.8	16.8	16.7	16.8	16.8	16.8	16.8	16.3	16.9	16.3	16.9	17.1	17.5	17.6
Canada	18.2 e	18.1 e	18.1 e	18.3 e	18.2 e	18.2 e	17.7 e	17.9 e	17.9 e	17.9 e	17.9 e	18.0 e	18.0 e	18.3 e
Chili	..	..	..	..	..	..	..	..	..	..	..	..	..	..
République tchèque	18.9	19.0	19.5	19.7	19.9	20.0	20.0	20.3	20.7	21.6	22.1	22.2	22.2	22.4
Danemark	20.8	20.7	20.4	20.5	20.5	20.5	20.4	20.5	20.9	20.5	21.1	21.4	21.8	22.4
Estonie	19.9	19.6	19.9	19.2	19.0	18.0	18.0	17.8	15.9	16.2	16.3	16.2	16.4	16.1
Finlande	18.4	18.4	18.4	18.4	18.1	18.2	18.2	18.0	17.9	18.3	18.7	18.7	19.1	19.5
France	16.7	16.6	16.4	16.7	16.8	17.3	17.5	17.4	17.6	17.7	17.8	17.8	18.4	18.8
Allemagne	17.5	17.5	17.5	17.6	17.7	17.9	18.1	17.9	18.3	18.2	18.2	17.9	18.0	18.1
Grèce	..	..	..	..	..	..	19.0	18.9	19.2	18.7	19.3	21.1	23.1	24.1
Hongrie	15.6	15.2	15.0	15.1	14.9	14.8	15.2	15.9	16.8	18.0	18.7	18.1	18.3	17.2
Islande	..	..	..	..	..	..	..	..	..	..	..	..	..	..
Irlande	15.3	15.2	15.8	16.2	15.9	15.7	16.0	16.6	17.0	15.4	15.8	16.5	17.1	18.0
Israël[1]	..	..	..	..	..	..	..	..	..	..	..	..	..	..
Italie	15.1	15.0	15.1	15.5	15.9	16.3	16.4	16.5	17.1	17.9	18.4	18.7	20.0	20.2
Japon	18.2	18.8	19.0	19.4	19.5	19.8	20.1	20.1	20.4	20.3	20.2	20.0	20.1	20.1
Corée	16.4	16.3	16.1	16.1	15.7	15.6	15.4	15.2	15.0	14.7	14.6	14.5	14.7	14.6
Luxembourg	..	..	..	..	..	..	..	..	..	..	..	..	..	..
Mexique	..	..	..	19.7	20.4	19.7	19.3	19.3	19.7	19.4	18.4	18.2	18.5	17.8
Pays-Bas	14.0	13.6	13.6	14.2	14.6	15.2	15.1	14.8	15.1	15.3	15.7	15.6	16.1	16.8
Nouvelle-Zélande	22.0	21.0	21.5	21.1	21.1	21.2	20.6	20.1	20.3	19.9	19.6	19.6	19.6	..
Norvège	14.6	15.5	15.1	15.2	14.9	14.3	15.8	15.1	15.1	14.8	15.6	14.8	14.2	14.4
Pologne	15.0	15.9	17.1	17.3	17.7	18.7	18.6	18.5	18.2	19.1	19.2	20.0	18.9	18.2
Portugal	10.2	10.4	10.8	11.5	11.7	12.0	12.3	12.7	13.1	13.6	14.1	15.2	16.6	16.0
République slovaque	18.1	18.1	18.4	21.2	23.1	22.9	23.8	22.8	22.1	21.7	21.0	21.6	22.0	21.1
Slovénie	15.4	15.3	15.0	14.9	15.1	15.3	15.1	14.8	15.0	16.1	16.4	16.3	16.5	16.1
Espagne	13.0	13.1	13.6	13.9	14.2	14.7	15.5	16.4	16.8	17.2	18.3	18.9	20.0	20.3
Suède	19.9	19.0	18.7	19.2	19.0	19.0	18.5	18.1	18.0	18.0	18.4	17.9	17.2	17.2
Suisse	19.3	19.4	19.8	19.9	20.0	20.1	19.9	19.5	20.0	19.6	20.0	20.0	19.7	19.5
Turquie	..	..	..	..	..	..	..	..	..	..	..	..	..	..
Royaume-Uni	15.4	15.3	15.5	15.5	16.2	16.6	17.1	17.5	17.8	18.2	19.7	20.1	20.1	20.6
États-Unis	15.7	16.1	15.9	15.9	15.8	16.3	16.3	16.3	16.2	16.6	16.4	16.0	15.6	15.9
Zone euro	..	..	..	..	..	..	..	..	..	..	..	..	..	..
OCDE-Total	..	..	..	..	..	..	..	..	..	..	..	..	..	..
Brésil	..	..	..	..	..	..	..	..	..	..	..	..	..	..
Chine	..	..	..	..	..	..	..	..	..	..	..	..	..	..
Inde	..	..	..	..	..	..	..	..	..	..	..	..	..	..
Indonésie	..	..	..	..	..	..	..	..	..	..	..	..	..	..
Fédération de Russie	..	..	..	..	6.6	7.8	7.5	7.2	7.1	7.3	7.6	7.5	7.4	7.1
Afrique du Sud	..	..	..	..	..	..	..	..	13.6	13.8	13.8	13.7	13.7	13.4

Note : Métadonnées détaillées :

http://stats.oecd.org/OECDStat_Metadata/ShowMetadata.ashx?Dataset=NAAG_2015_NOV15&Lang=fr&Coords=[INDICATOR].[P040B7NS14_S15]

1.Informations sur les données concernant Israël : http://dx.doi.org/10.1787/888932315602

StatLink http://dx.doi.org/10.1787/888933316774

Tableau 16.1. **Taux d'épargne nette des ménages**

Pourcentage du revenu disponible net des ménages

	2000	2001	2002	2003	2004	2005	2006	2007	2008	2009	2010	2011	2012	2013
Australie	2.3	3.5	0.0	0.5	1.5	1.1	1.8	4.0	10.0	9.1	10.2	11.2	10.3	9.7
Autriche	10.5	8.8	8.9	9.2	9.2	10.7	11.3	12.1	11.9	11.3	9.3	7.9	9.2	7.3
Belgique	10.4	11.9	11.0	10.6	8.9	8.5	9.2	9.4	10.0	11.4	8.2	6.6	6.4	5.0
Canada	3.8	3.6	2.3	1.7	2.3	1.5	3.5	2.9	3.9	5.1	4.3	4.3	5.0	4.9
Chili	..	..	..	..	..	..	..	..	7.0	12.3	8.8	8.6	9.9	9.7
République tchèque	6.0	6.2	6.3	5.7	4.9	6.1	7.8	7.0	6.3	8.5	7.6	5.9	6.2	5.5
Danemark	-6.0	0.0	1.2	1.8	-2.2	-4.6	-1.7	-3.1	-4.2	0.8	2.1	0.9	0.0	-0.4
Estonie	0.3	-1.9	-9.5	-9.3	-11.0	-10.7	-11.2	-7.3	1.6	6.9	3.3	4.1	1.4	3.9
Finlande	3.0	2.7	2.7	2.3	3.0	1.0	-0.4	-0.4	-0.2	3.4	3.2	1.3	0.7	1.3
France	10.0	10.7	11.6	10.9	11.0	9.4	9.4	9.8	9.5	10.8	10.4	10.0	9.5	9.1
Allemagne	9.0	9.6	9.6	10.1	10.1	10.1	10.1	10.2	10.5	10.0	10.0	9.6	9.3	9.1
Grèce	..	..	..	..	..	..	-3.4	-3.5	-5.6	-4.5	-9.0	-8.2	-8.3	-16.4
Hongrie	5.3	6.0	3.1	1.7	4.5	5.7	6.3	2.2	1.5	3.6	3.6	4.1	2.6	3.9
Islande	..	..	..	..	..	..	..	..	..	..	..	..	..	..
Irlande	-3.8	1.1	-0.7	-0.5	0.3	0.7	-2.0	-2.1	3.9	9.4	6.4	3.6	3.5	1.0
Israël[1]	..	..	..	..	..	..	..	..	..	..	..	..	..	..
Italie	7.4	8.9	9.6	9.1	9.5	9.0	8.4	8.0	7.7	7.0	4.1	3.6	1.8	3.9
Japon	7.0	3.8	3.3	2.7	2.3	1.6	1.3	1.1	0.6	2.3	2.1	2.6	1.4	0.0
Corée	..	..	..	..	..	6.7	5.5	3.5	3.8	4.8	4.7	3.9	3.9	5.6
Luxembourg	..	..	..	..	..	..	..	..	..	..	..	..	..	..
Mexique	..	..	..	10.1	8.6	8.2	9.1	8.4	8.1	8.4	8.8	6.9	6.1	5.4
Pays-Bas	6.2	8.1	7.9	7.4	6.8	5.7	3.8	3.9	3.7	7.1	4.9	5.8	6.8	7.3
Nouvelle-Zélande	-2.6	-1.4	-6.6	-4.1	-3.8	-5.9	-3.3	-1.0	-1.1	1.1	3.0	1.7	2.2	..
Norvège	4.3	3.1	8.2	8.8	6.9	9.7	-0.5	0.9	3.6	5.1	4.0	5.8	7.1	7.6
Pologne	11.0	12.4	9.0	7.9	4.0	3.0	2.7	2.2	0.8	3.2	3.0	-0.5	-0.5	0.7
Portugal	3.5	4.0	3.9	2.7	2.7	1.8	0.4	-0.8	-1.1	2.7	1.3	-0.9	-0.5	-0.2
République slovaque	5.8	3.7	3.4	1.1	0.3	1.1	0.1	1.9	0.8	2.3	4.7	2.9	1.7	2.9
Slovénie	6.7	8.4	8.5	6.1	7.1	9.4	11.1	9.4	9.7	7.7	6.1	5.5	3.2	5.7
Espagne	5.8	5.5	5.2	6.7	5.0	3.2	1.4	-1.0	1.6	7.3	3.7	4.6	2.6	4.2
Suède	4.0	8.0	7.8	6.6	5.8	5.4	6.9	9.4	12.7	12.2	11.0	12.7	15.3	15.1
Suisse	15.3	15.5	15.3	14.8	13.7	14.0	15.8	17.4	16.7	17.1	17.0	17.8	18.5	19.0
Turquie	..	..	..	..	..	..	..	..	..	..	..	..	..	..
Royaume-Uni	4.6	5.3	3.8	2.4	0.5	-0.3	-1.2	-0.7	-0.8	4.0	6.1	3.4	2.9	0.0
États-Unis	4.3	4.5	5.2	5.0	4.7	2.7	3.4	3.1	5.1	6.3	5.8	6.2	7.9	4.9
Zone euro	7.7	8.5	8.9	9.0	8.7	7.8	7.1	6.9	7.1	8.5	6.9	6.5	6.0	6.1
OCDE-Total	..	..	..	..	..	..	..	..	..	..	..	..	..	..
Brésil	..	..	..	..	..	..	..	..	..	..	..	..	..	..
Chine	31.1	31.2	31.5	33.9	33.8	35.4	37.2	39.2	39.9	40.4	42.1	40.9	40.7	..
Inde	..	..	..	..	..	..	..	..	..	..	..	..	..	..
Indonésie	..	..	..	..	..	..	..	..	..	..	..	..	..	..
Fédération de Russie	..	..	..	..	..	11.0	12.4	12.1	10.1	13.1	15.5	13.8	12.5	10.9
Afrique du Sud	..	..	..	..	..	..	..	..	-1.1	-0.5	-0.8	-1.1	-2.1	-2.5

Note : Métadonnées détaillées :

http://stats.oecd.org/OECDStat_Metadata/ShowMetadata.ashx?Dataset=NAAG_2015_NOV15&Lang=fr&Coords=[INDICATOR].[B8NS14_S15SB6NS14]

1.Informations sur les données concernant Israël : http://dx.doi.org/10.1787/888932315602

StatLink http://dx.doi.org/10.1787/888933316787

17. Les opérations financières des ménages

Tableau 17.1. **Opérations financières nettes des ménages**

Pourcentage du revenu disponible net

	2000	2001	2002	2003	2004	2005	2006	2007	2008	2009	2010	2011	2012	2013
Australie	-5.7	-0.5	-7.2	-7.6	-4.5	-3.2	-4.8	-5.4	-2.6	3.0	7.0	5.8	6.6	6.4
Autriche	10.1	5.9	7.1	7.8	7.1	8.6	9.2	10.2	9.7	8.6	6.6	4.1	5.4	3.3
Belgique	13.6	14.7	9.8	14.3	13.7	9.1	8.6	6.7	3.1	14.9	11.2	11.4	8.3	7.2
Canada	-2.1	-3.1	-5.1	-6.3	-6.5	-7.7	-5.9	-6.7	-6.1	-2.7	-4.5	-4.4	-3.8	-4.1
Chili	..	..	..	..	..	..	..	..	-0.6	7.1	8.5	4.7	6.6	6.2
République tchèque	2.6	4.3	4.7	3.5	2.3	3.2	4.3	3.1	2.4	5.1	3.6	3.4	7.1	3.6
Danemark	-12.3	-5.1	-2.5	-2.8	-7.7	-12.7	-12.1	-13.6	-11.0	-1.1	1.3	-1.3	1.5	-1.9
Estonie	-1.6	-1.4	-6.5	-9.5	-12.7	-8.6	-15.1	-10.4	-5.6	8.4	5.2	9.3	8.0	3.7
Finlande	-2.9	-0.4	-1.1	1.2	-2.0	-4.6	-5.9	-4.5	-2.5	3.9	-0.3	-2.3	-4.5	0.1
France	6.3	6.6	7.0	6.1	5.6	3.9	4.5	4.8	4.6	7.1	6.8	6.4	5.4	5.3
Allemagne	5.8	7.2	7.4	8.9	9.4	10.0	9.2	9.0	8.9	9.9	9.5	8.1	8.3	8.1
Grèce	..	..	..	..	..	..	10.3	2.0	8.4	5.4	-6.8	1.0	-2.7	2.3
Hongrie	10.1	9.5	5.5	1.5	5.1	7.5	6.5	3.8	2.9	7.2	9.1	9.8	9.8	9.4
Islande	..	..	..	..	..	..	..	..	..	..	..	..	..	..
Irlande	..	..	-5.0	-12.2	-11.3	-18.2	-17.2	-19.0	-1.5	11.8	11.7	8.4	6.8	5.3
Israël[1]	..	..	..	..	..	..	..	..	..	..	..	..	..	..
Italie	8.2	12.2	10.6	6.5	7.8	8.4	3.1	0.1	5.2	2.6	-1.3	2.0	3.9	2.8
Japon	4.8	5.6	3.2	1.3	3.7	6.4	7.1	6.5	7.1	4.5	4.2	7.8	7.4	5.8
Corée	..	..	..	..	..	..	..	..	..	..	..	..	13.7	11.5
Luxembourg	..	..	..	..	..	..	..	..	..	..	..	..	..	..
Mexique	..	..	..	..	..	..	..	..	..	..	..	..	..	..
Pays-Bas	-0.9	2.2	2.8	0.6	1.4	-0.9	-4.9	-5.7	-3.9	3.5	2.2	4.9	5.8	8.5
Nouvelle-Zélande	..	..	..	..	..	..	..	..	..	..	..	..	..	..
Norvège	1.6	-2.3	2.7	3.2	1.1	5.3	-5.8	-5.8	-4.2	0.6	-0.6	-1.9	-0.8	-1.7
Pologne	..	..	..	..	0.7	6.5	1.2	2.9	-8.9	5.8	4.4	1.6	12.7	7.9
Portugal	0.4	3.2	4.0	2.6	3.6	3.4	2.4	1.0	2.4	6.7	5.1	4.1	4.5	5.6
République slovaque	1.3	0.1	-1.7	-2.1	-2.3	-2.6	-3.7	-1.9	-2.9	-0.1	2.9	0.7	0.2	1.2
Slovénie	..	..	12.3	9.2	10.7	7.9	4.2	0.8	1.7	2.2	1.9	0.4	0.5	2.0
Espagne	0.2	1.3	1.8	0.0	-1.1	-3.4	-5.4	-6.1	-2.3	7.2	4.0	5.6	4.9	5.5
Suède	2.7	5.9	9.6	9.0	3.2	4.2	2.6	5.4	9.7	5.0	4.2	6.7	9.0	10.0
Suisse	7.3	11.4	9.8	8.2	10.8	10.4	16.1	19.8	7.9	14.2	11.5	7.7	7.4	7.1
Turquie	..	..	..	..	..	..	..	..	..	..	..	..	..	..
Royaume-Uni	5.0	3.9	4.4	2.3	0.6	0.1	-0.5	-0.3	-0.4	6.5	8.3	4.6	4.4	0.7
États-Unis	-3.6	-0.6	-2.4	-0.1	1.6	-3.1	-3.5	2.6	10.7	5.5	8.0	11.6	8.9	7.5
Zone euro	..	..	..	..	..	..	..	..	..	..	..	..	..	..
OCDE-Total	..	..	..	..	..	..	..	..	..	..	..	..	..	..
Brésil	..	..	..	..	..	..	..	..	..	..	..	..	..	..
Chine	..	..	..	..	..	..	..	..	..	..	..	..	..	..
Inde	..	..	..	..	..	..	..	..	..	..	..	..	..	..
Indonésie	..	..	..	..	..	..	..	..	..	..	..	..	..	..
Fédération de Russie	..	..	..	..	..	..	..	..	..	..	..	..	..	..
Afrique du Sud	..	..	..	..	..	..	..	..	..	..	..	..	..	..

Note : Métadonnées détaillées :
http://stats.oecd.org/OECDStat_Metadata/ShowMetadata.ashx?Dataset=NAAG_2015_NOV15&Lang=fr&Coords=[INDICATOR].[B9FS14_S15NDI]
1. Informations sur les données concernant Israël : http://dx.doi.org/10.1787/888932315602

StatLink *http://dx.doi.org/10.1787/888933316790*

Table 18.1. **Actifs non financiers des ménages par tête**

Dollars USD, PPA courantes

	Logements				Terrains				Autres			
	2009	2010	2011	2012	2009	2010	2011	2012	2009	2010	2011	2012
Australie	45 243	44 748	45 479	46 291	99 058	92 678	86 630	89 250	16 986	16 627	16 661	16 971
Autriche	46 852	48 602	50 804	52 312	..	..	..	..	..	..	..	..
Belgique	48 571	49 853	51 629	53 280	..	..	..	..	..	..	..	..
Canada	37 474	38 617	39 560	41 261	34 754	35 659	37 687	39 448	1 897	1 869	1 903	1 827
Chili	13 004	12 976	13 930	13 998	..	..	..	..	..	..	..	..
République tchèque	26 582	26 575	28 554	28 226	7 003	7 549	8 044	8 139	5 153	5 568	6 440	6 579
Danemark	35 452	37 431	41 738	42 083	..	..	..	..	..	..	..	..
Estonie	23 807	23 446	24 609	24 213	..	..	..	..	..	..	..	..
Finlande	43 895	42 709	45 142	47 617	19 244	21 335	22 256	22 850	..	..	..	..
France	53 158	55 254	58 282	58 939	56 412	63 576	66 525	62 926	6 764	7 194	7 408	7 202
Allemagne	51 454	53 494	56 475	58 551	..	..	..	..	..	..	..	..
Grèce	44 559	44 516	44 514	44 676	..	..	..	..	..	..	..	..
Hongrie	23 783	24 321	24 993	24 991	..	..	..	..	..	..	..	..
Islande	..	..	..	..	..	..	..	..	..	..	..	..
Irlande	..	..	..	..	..	..	..	..	..	..	..	..
Israël[1]	25 781	26 791	28 532	30 052	..	..	..	..	..	..	..	..
Italie	47 661	49 145	52 164	53 517	..	..	..	..	..	..	..	..
Japon	20 453	21 083	21 645	21 985	52 485	52 882	53 479	54 129	4 628	4 550	4 601	4 649
Corée	22 149	23 117	23 927	24 402	68 674	72 576	76 634	78 033	8 667	9 086	9 511	9 414
Luxembourg	47 250	46 548	48 939	49 958	..	..	..	..	..	..	..	..
Mexique	..	..	..	..	..	..	..	..	..	..	..	..
Pays-Bas	53 108	53 266	53 003	51 881	..	53 982	54 145	48 740	..	..	..	..
Nouvelle-Zélande	..	..	..	..	..	..	..	..	..	..	..	..
Norvège	..	..	..	..	..	..	..	..	..	..	..	..
Pologne	5 173	5 626	5 775	5 895	..	..	..	..	..	..	..	..
Portugal	..	..	..	..	..	..	..	..	..	..	..	..
République slovaque	31 297	31 836	32 296	32 767	..	..	..	..	..	..	..	..
Slovénie	27 571	28 367	29 519	30 440	..	..	..	..	..	..	..	..
Espagne	..	..	..	..	..	..	..	..	..	..	..	..
Suède	29 459	29 677	30 534	31 134	..	..	..	..	..	..	..	..
Suisse	..	..	..	..	..	..	..	..	..	..	..	..
Turquie	..	..	..	..	..	..	..	..	..	..	..	..
Royaume-Uni	..	..	..	..	..	..	..	..	..	..	..	..
États-Unis	50 436	50 256	50 218	51 190	33 932	33 460	33 785	39 144	..	..	..	..
Zone euro	..	..	..	..	..	..	..	..	..	..	..	..
OCDE-Total	..	..	..	..	..	..	..	..	..	..	..	..
Brésil	..	..	..	..	..	..	..	..	..	..	..	..
Chine	..	..	..	..	..	..	..	..	..	..	..	..
Inde	..	..	..	..	..	..	..	..	..	..	..	..
Indonésie	..	..	..	..	..	..	..	..	..	..	..	..
Fédération de Russie	..	..	..	..	..	..	..	..	..	..	..	..
Afrique du Sud	..	..	..	..	..	..	..	..	..	..	..	..

Note : Métadonnées détaillées :
http://stats.oecd.org/OECDStat_Metadata/ShowMetadata.ashx?Dataset=NAAG_2015_NOV15&Lang=fr&Coords=[INDICATOR].[ANNS14_S15HCPC]

1.Informations sur les données concernant Israël : http://dx.doi.org/10.1787/888932315602

StatLink http://dx.doi.org/10.1787/888933316805

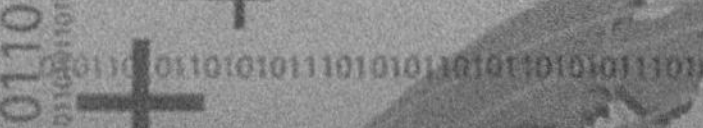

19. Composition du portefeuille des ménages

Tableau 19.1. **Actifs financiers des ménages par type d'actifs**

En pourcentage du total des actifs financiers

	Numéraire et dépôts		Titres autres qu'actions		Actions et autres participations		Part d'organismes de placement collectif		Réserves d'assurance vie		Fonds de pension	
	2002	2012	2002	2012	2002	2012	2002	2012	2002	2012	2002	2012
Australie	20.8	22.6	1.1	0.2	21.1	16.9	0.0	0.0	0.0	0.0	48.3	55.7
Autriche	47.0	41.8	6.5	8.6	16.4	19.4	8.2	7.5	11.5	12.7	6.8	6.0
Belgique	26.3	30.1	20.5	9.2	20.3	25.0	15.0	10.3	9.0	15.6	5.4	6.5
Canada	24.9	25.1	5.8	1.9	12.8	19.5	13.9	15.9	..	..	..	..
Chili	..	14.1	..	0.0	..	20.9	..	4.6	..	12.3	..	47.4
République tchèque	49.7	51.3	0.4	2.9	31.4	23.4	3.7	4.0	5.1	6.4	2.8	5.7
Danemark	21.5	17.8	6.5	2.6	..	21.5	..	7.7	24.5	26.8	20.4	21.4
Estonie	27.4	27.6	0.2	0.1	61.2	54.0	0.9	0.8	1.2	1.8	0.2	7.6
Finlande	33.0	35.7	1.2	2.7	34.4	33.6	5.0	7.6	7.6	6.6	12.6	9.1
France	33.1	29.5	3.3	2.2	18.9	19.8	9.0	6.7	27.5	34.2	0.0	0.0
Allemagne	37.3	39.6	7.4	4.9	10.4	9.5	11.9	8.7	15.9	16.8	11.3	14.1
Grèce	52.7	74.0	15.8	6.3	14.7	7.3	10.7	1.0	1.8	2.4	0.2	1.0
Hongrie	38.4	33.5	7.6	6.6	28.1	28.1	5.5	7.4	4.6	4.9	5.9	3.6
Islande	..	16.0	..	3.6	..	..	..	..	..	..	..	..
Irlande	39.0	39.6	0.3	0.1	26.7	14.6	0.0	0.0	11.3	15.6	20.1	25.3
Israël[1]	34.8	23.4	9.5	12.0	14.5	8.6	0.0	7.3	7.7	10.9	27.4	30.5
Italie	24.8	31.6	20.4	19.2	25.1	19.8	13.2	7.3	7.2	11.5	5.0	6.3
Japon	54.1	53.6	3.2	2.7	5.8	8.8	2.0	4.4	16.2	14.2	13.0	12.2
Corée	..	43.0	..	5.6	..	17.1	..	4.4	..	20.1	..	2.7
Luxembourg	54.2	52.9	10.8	9.9	11.0	12.7	12.0	9.2	6.8	10.9	3.5	2.7
Mexique	..	..	..	..	..	..	..	..	..	..	..	..
Pays-Bas	20.7	21.3	1.5	0.9	17.0	9.0	3.2	2.6	9.4	8.1	42.6	54.5
Nouvelle-Zélande	..	..	..	..	..	..	..	..	..	..	..	..
Norvège	34.6	28.7	1.5	0.5	17.7	22.2	3.8	3.6	6.7	3.3	23.1	26.3
Pologne	..	45.2	..	0.6	..	20.3	..	4.8	..	5.2	..	19.8
Portugal	46.8	42.4	5.7	6.6	17.8	19.8	8.8	3.5	9.2	11.8	7.9	5.2
République slovaque	74.6	63.6	0.2	1.8	0.4	0.3	5.2	5.8	6.3	7.6	0.1	13.8
Slovénie	51.0	49.8	3.0	1.1	25.6	22.1	3.5	3.1	3.0	7.0	1.7	7.0
Espagne	41.7	47.4	2.6	4.3	24.0	22.7	12.3	6.6	6.2	6.9	8.3	8.1
Suède	15.5	16.1	2.3	1.7	23.3	34.0	8.2	7.7	15.4	9.3	31.5	29.0
Suisse	26.6	31.9	10.2	6.6	11.5	10.8	8.1	8.5	6.8	4.9	33.7	34.2
Turquie	..	80.1	..	2.5	..	9.8	..	1.3	..	0.9	..	3.1
Royaume-Uni	22.3	25.0	1.4	1.5	9.3	7.1	3.8	2.5	14.9	10.6	44.4	48.6
États-Unis	12.9	13.9	6.6	6.9	32.8	30.9	9.9	11.5	2.8	2.0	32.6	32.5
Zone euro	..	..	..	..	..	..	..	..	..	..	..	..
OCDE-Total	..	..	..	..	..	..	..	..	..	..	..	..
Brésil	..	..	..	..	..	..	..	..	..	..	..	..
Chine	..	..	..	..	..	..	..	..	..	..	..	..
Inde	..	..	..	..	..	..	..	..	..	..	..	..
Indonésie	..	..	..	..	..	..	..	..	..	..	..	..
Fédération de Russie	..	..	..	..	..	..	..	..	..	..	..	..
Afrique du Sud	..	..	..	..	..	..	..	..	..	..	..	..

Note : Métadonnées détaillées :
http://stats.oecd.org/OECDStat_Metadata/ShowMetadata.ashx?Dataset=NAAG_2015_NOV15&Lang=fr&Coords=[INDICATOR].[SAF2FASS14_S15]

1.Informations sur les données concernant Israël : http://dx.doi.org/10.1787/888932315602

StatLink http://dx.doi.org/10.1787/888933316817

Tableau 20.1. **Dette des ménages**

Pourcentage du revenu disponible net

	2000	2001	2002	2003	2004	2005	2006	2007	2008	2009	2010	2011	2012	2013
Australie	137.5	142.7	154.6	165.0	178.4	186.4	190.3	192.8	188.1	195.3	195.5	194.2	196.6	200.4
Autriche	75.5	77.1	79.3	79.4	83.3	87.5	88.8	88.6	90.2	90.3	94.2	93.5	89.5	89.3
Belgique	68.3	66.3	68.3	70.7	74.6	79.5	83.3	87.4	89.8	90.8	96.0	102.4	104.2	107.3
Canada	110.1	110.8	114.4	119.4	124.8	132.1	135.2	143.4	148.4	157.4	160.2	161.5	163.1	163.8
Chili	..	..	..	..	..	..	..	..	58.9	57.2	57.5	57.2	56.8	57.9
République tchèque	21.7	22.2	27.1	29.2	34.1	39.4	43.6	52.9	58.8	60.3	61.9	64.4	65.8	67.6
Danemark	232.8	237.7	242.9	248.7	261.9	282.1	299.4	324.7	339.4	338.7	325.1	319.5	314.6	313.0
Estonie	20.0	24.1	32.7	41.7	54.0	71.7	93.6	104.7	101.1	108.6	107.1	95.6	92.8	83.6
Finlande	69.2	70.8	75.6	79.9	88.6	99.2	109.4	114.7	117.1	117.5	119.6	121.0	124.0	123.3
France	74.8	77.0	77.5	81.1	81.9	88.4	93.6	96.6	98.7	104.3	107.5	107.1	103.4	103.8
Allemagne	116.5	113.0	113.6	112.0	110.4	108.1	105.7	102.6	99.4	100.3	98.3	96.5	95.5	94.5
Grèce	..	..	..	..	..	..	72.7	80.8	85.3	86.7	104.3	111.5	109.0	112.4
Hongrie	16.5	20.0	27.0	35.8	41.2	47.1	53.8	62.2	76.1	76.6	81.1	74.5	63.1	57.1
Islande	..	..	..	..	..	..	..	..	..	..	..	..	..	..
Irlande	..	110.6	125.3	146.1	168.7	199.0	223.2	233.3	227.1	235.6	231.3	230.3	221.9	214.1
Israël[1]	..	..	..	..	..	..	..	..	..	..	..	..	..	..
Italie	54.5	56.5	59.4	62.5	66.2	71.3	76.1	80.2	81.6	86.5	90.4	89.9	92.0	90.6
Japon	140.7	140.7	139.5	138.1	137.4	137.9	137.3	133.6	132.2	132.4	131.9	128.3	127.1	129.2
Corée	..	..	..	..	..	..	..	..	..	..	..	157.8	159.4	160.3
Luxembourg	..	..	..	..	..	..	..	..	..	..	..	..	..	..
Mexique	..	..	..	..	..	..	..	..	..	..	..	..	..	..
Pays-Bas	199.1	194.2	204.4	222.9	233.0	251.5	256.9	261.4	274.3	286.6	293.9	287.8	288.4	280.9
Nouvelle-Zélande	..	..	..	..	..	..	..	..	..	..	..	..	..	..
Norvège	135.3	148.2	147.8	151.4	161.6	167.4	199.2	207.9	207.6	207.0	212.1	216.8	220.2	221.9
Pologne	..	..	..	19.7	21.6	25.0	31.2	39.2	51.5	52.8	57.2	60.7	58.6	59.5
Portugal	106.8	118.3	121.6	123.6	126.8	135.9	140.6	145.7	148.9	151.4	154.4	144.9	150.9	141.3
République slovaque	18.5	20.7	24.2	27.7	25.9	29.8	32.8	38.9	42.5	42.1	43.1	49.4	54.8	57.6
Slovénie	..	33.1	33.6	35.4	36.0	40.3	44.9	52.2	53.5	56.2	58.9	57.7	59.5	58.8
Espagne	84.2	87.1	94.1	102.3	113.6	128.2	144.3	154.1	150.1	145.2	148.6	142.7	141.2	134.1
Suède	108.6	119.2	121.6	128.2	137.0	146.7	153.8	157.4	159.5	163.5	170.7	168.5	167.1	169.7
Suisse	168.2	167.0	173.3	182.5	184.2	188.2	187.6	182.1	180.4	184.0	189.3	194.0	196.0	197.4
Turquie	..	..	..	..	..	..	..	..	..	..	..	..	..	..
Royaume-Uni	118.9	125.6	138.8	151.6	164.9	167.2	178.9	183.3	178.2	167.5	158.7	159.1	153.7	152.0
États-Unis	103.5	107.2	112.4	120.3	126.9	134.6	139.7	143.1	135.3	133.7	127.2	119.0	113.6	115.1
Zone euro	..	..	..	..	..	..	..	..	..	..	..	..	..	..
OCDE-Total	..	..	..	..	..	..	..	..	..	..	..	..	..	..
Brésil	..	..	..	..	..	..	..	..	..	..	..	..	..	..
Chine	..	..	..	..	..	..	..	..	..	..	..	..	..	..
Inde	..	..	..	..	..	..	..	..	..	..	..	..	..	..
Indonésie	..	..	..	..	..	..	..	..	..	..	..	..	..	..
Fédération de Russie	..	..	..	..	..	..	..	..	..	..	..	..	..	..
Afrique du Sud	..	..	..	..	..	..	..	..	..	..	..	..	..	..

Note : Métadonnées détaillées :

http://stats.oecd.org/OECDStat_Metadata/ShowMetadata.ashx?Dataset=NAAG_2015_NOV15&Lang=fr&Coords=[INDICATOR].[DBTS14_S15NDI]

1.Informations sur les données concernant Israël : http://dx.doi.org/10.1787/888932315602

StatLink http://dx.doi.org/10.1787/888933316822

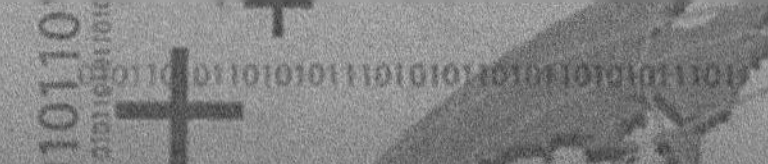

21. Richesse financière nette des ménages

Tableau 21.1. **Valeur nette financière des ménages par tête**

USD en PPA courantes

	2000	2001	2002	2003	2004	2005	2006	2007	2008	2009	2010	2011	2012	2013
Australie	26 705.4	28 448.7	24 579.4	25 249.7	31 996.7	39 541.4	44 223.7	45 854.2	29 386.8	37 315.1	37 013.1	34 175.8	44 214.5	49 892.8
Autriche	31 976.7	31 884.3	32 989.0	35 585.5	37 850.3	40 299.9	44 884.0	46 725.8	44 903.8	50 228.6	52 502.7	52 809.7	55 306.6	57 233.5
Belgique	68 800.1	69 814.5	66 007.3	68 163.9	72 167.7	77 648.2	81 423.3	83 032.6	75 003.5	83 050.9	85 844.0	89 395.5	92 613.9	95 912.1
Canada	48 754.7	47 783.4	43 611.7	47 348.5	49 662.7	57 808.5	63 991.0	65 985.0	52 643.5	60 414.0	65 497.7	64 501.6	69 889.7	78 173.7
Chili	..	..	..	..	..	13 092.7	15 285.0	16 652.3	13 841.7	15 679.5	17 745.0	18 410.2	19 721.4	20 848.7
République tchèque	11 498.7	12 407.5	12 756.4	13 892.5	13 276.3	13 663.5	14 445.9	16 071.7	16 031.7	16 627.0	17 876.0	18 845.1	20 889.2	21 978.0
Danemark	28 187.8	23 905.9	22 389.2	24 645.1	28 702.2	40 483.8	46 609.2	43 541.2	30 368.5	38 707.8	47 265.5	48 299.6	58 116.9	60 418.8
Estonie	4 733.6	4 572.1	5 675.3	6 667.0	8 226.6	9 319.8	10 745.2	10 435.1	9 646.6	11 054.7	9 127.8	12 543.3	16 415.9	17 691.5
Finlande	19 793.1	18 507.4	17 173.2	19 007.2	20 257.4	22 211.0	23 972.9	23 327.4	17 577.5	21 109.7	24 275.4	20 852.7	22 558.3	26 470.0
France	35 168.5	33 919.1	33 754.7	34 874.9	36 788.2	39 925.0	45 505.1	47 640.8	42 195.3	46 587.7	49 556.2	50 242.9	53 089.8	55 756.3
Allemagne	25 145.4	26 389.6	25 817.5	29 266.0	32 082.9	36 423.7	37 931.1	41 848.9	40 117.1	42 877.1	46 268.1	47 382.9	50 493.3	52 758.9
Grèce	27 541.9	26 142.5	22 920.8	22 305.3	24 111.6	26 617.9	28 625.6	27 873.7	18 816.0	20 763.1	14 548.9	11 744.4	12 947.3	19 929.0
Hongrie	8 306.4	9 168.2	9 602.3	9 613.2	10 018.8	11 156.8	12 445.1	12 933.1	12 109.1	14 143.1	14 968.6	16 276.2	18 071.6	19 972.0
Islande	..	..	..	26 884.6	31 621.9	34 659.4	43 310.0	43 999.2	46 080.2	45 964.5	45 703.7	48 615.5	52 567.7	55 453.9
Irlande	..	31 674.9	28 595.9	30 096.3	30 949.1	30 575.4	31 437.0	24 657.2	16 179.8	22 935.4	29 427.8	30 318.8	35 029.7	37 991.9
Israël[1]	..	36 630.0	36 536.3	42 232.5	44 961.3	48 705.9	46 490.9	51 064.1	40 570.6	49 964.6	52 451.8	53 532.9	54 560.9	57 330.2
Italie	55 975.8	55 334.7	54 027.6	54 354.5	56 280.5	63 020.2	70 196.2	65 161.9	62 203.8	60 588.6	58 059.4	56 683.5	60 783.9	63 088.2
Japon	51 512.8	54 888.4	57 036.5	62 076.7	65 341.2	73 157.4	77 243.3	75 651.4	75 051.1	77 966.9	81 775.2	85 641.0	93 453.9	97 774.6
Corée	..	..	..	..	..	..	..	..	..	..	..	29 342.6	31 545.8	33 665.5
Luxembourg	..	..	38 061.4	40 394.5	45 330.2	47 535.8	55 571.3	58 523.8	61 127.1	69 032.6	70 421.8	64 949.1	65 642.0	69 434.0
Mexique	..	..	..	..	..	..	..	..	..	..	..	..	..	..
Pays-Bas	48 276.4	46 731.5	46 680.7	46 826.1	47 464.0	50 557.1	52 132.7	49 620.1	57 079.0	56 122.5	61 961.7	71 892.8	78 489.7	77 446.5
Nouvelle-Zélande	..	..	..	..	..	..	..	..	..	..	..	..	..	..
Norvège	11 653.9	10 725.1	10 242.0	11 456.6	12 926.0	15 861.9	18 609.4	19 458.1	16 285.6	18 761.8	18 687.8	17 312.0	18 491.9	19 583.4
Pologne	..	..	..	6 896.2	7 641.9	8 624.1	9 635.4	10 694.8	7 791.7	9 121.6	9 907.9	9 670.1	12 059.4	13 644.4
Portugal	18 456.8	17 604.3	17 572.0	19 827.9	20 933.5	22 042.1	23 642.1	24 729.4	24 361.0	25 437.5	26 346.9	28 832.9	30 345.3	33 703.0
République slovaque	6 057.3	6 168.1	5 553.2	4 998.6	4 855.0	5 029.7	6 118.8	6 726.1	7 200.1	7 962.6	8 900.2	9 064.7	9 515.8	9 785.1
Slovénie	..	11 223.4	13 176.5	14 293.3	16 593.4	17 479.8	19 584.4	20 469.0	17 766.6	18 423.0	18 788.8	18 120.7	18 718.9	19 474.5
Espagne	22 909.2	23 111.2	21 630.7	23 406.3	24 364.0	26 049.9	30 609.4	29 181.9	22 053.8	23 924.1	23 510.7	25 048.6	27 482.0	33 196.5
Suède	32 233.6	31 024.8	31 019.9	36 364.8	38 675.6	47 310.6	56 007.9	57 160.4	51 342.6	57 542.8	64 316.4	62 063.4	66 621.1	74 360.1
Suisse	83 597.4	80 117.6	77 282.8	80 754.7	83 744.5	90 976.0	103 206.0	110 429.9	99 776.8	108 363.7	108 687.7	114 492.2	122 379.3	129 704.3
Turquie	..	..	..	..	..	..	..	..	..	4 435.0	4 861.7	4 648.5	4 603.9	4 644.2
Royaume-Uni	70 220.9	65 620.3	61 853.0	62 119.9	65 056.5	71 321.3	72 741.6	71 051.6	63 536.8	68 801.4	71 396.7	77 356.9	81 068.2	80 001.9
États-Unis	95 306.6	90 107.3	82 036.5	93 234.5	105 550.5	112 670.0	123 559.3	128 206.2	104 399.2	112 821.7	126 560.1	129 558.7	142 494.8	163 120.6
Zone euro	..	..	..	..	..	..	..	..	..	..	..	..	..	..
OCDE-Total	..	..	..	..	..	..	..	..	..	..	..	..	..	..
Brésil	..	..	..	..	..	..	..	..	..	..	..	..	..	..
Chine	..	..	..	..	..	..	..	..	..	..	..	..	..	..
Inde	..	..	..	..	..	..	..	..	..	..	..	..	..	..
Indonésie	..	..	..	..	..	..	..	..	..	..	..	..	..	..
Fédération de Russie	..	..	..	..	..	..	..	..	..	..	..	..	..	..
Afrique du Sud	..	..	..	..	..	..	..	..	..	..	..	..	..	..

Note : Métadonnées détaillées :

http://stats.oecd.org/OECDStat_Metadata/ShowMetadata.ashx?Dataset=NAAG_2015_NOV15&Lang=fr&Coords=[INDICATOR].[SBF90S14_S15PPC]

1.Informations sur les données concernant Israël : http://dx.doi.org/10.1787/888932315602

StatLink http://dx.doi.org/10.1787/888933316835

Tableau 22.1. **Valeur nette totale des ménages**

Pourcentage du revenu net disponible

	2000	2001	2002	2003	2004	2005	2006	2007	2008	2009	2010	2011	2012	2013
Australie	330.5	332.7	318.5	322.2	352.9	388.7	395.9	385.2	301.2	329.3	322.3	300.7	338.2	355.5
Autriche	357.9	361.6	363.4	369.6	373.2	372.7	379.2	383.6	371.5	397.6	411.5	408.1	409.3	426.3
Belgique	..	..	..	..	..	..	..	..	..	..	..	..	..	..
Canada	418.3	404.7	378.9	398.4	406.0	439.3	456.9	456.1	392.7	419.5	440.7	432.4	451.4	478.6
Chili	..	..	..	..	..	..	..	..	268.4	279.2	278.9	255.0	245.1	242.5
République tchèque	318.4	316.2	314.3	315.7	305.1	300.3	294.0	311.7	313.2	303.1	311.8	318.5	327.8	335.6
Danemark	457.9	413.7	384.9	401.5	416.7	495.2	527.0	514.0	428.0	421.6	450.9	456.4	503.8	520.4
Estonie	360.2	383.2	364.5	354.5	373.6	356.9	345.2	324.6	278.4	305.3	287.5	298.0	321.9	..
Finlande	358.3	347.0	320.8	323.8	323.1	344.8	352.6	349.5	314.6	318.2	318.1	301.0	316.9	334.4
France	418.8	397.5	389.6	407.6	417.3	436.7	459.5	463.3	435.0	454.4	466.2	468.9	488.7	503.0
Allemagne	356.1	350.0	346.2	355.7	365.7	379.4	379.0	403.2	390.5	409.8	416.0	414.1	427.3	438.2
Grèce	..	..	..	..	..	..	369.0	364.6	312.5	321.2	317.3	326.3	351.7	..
Hongrie	329.5	320.7	311.7	298.7	292.2	294.9	308.9	320.9	316.0	340.3	347.9	336.4	348.1	..
Islande	..	..	..	..	..	..	..	..	..	..	..	..	..	..
Irlande	..	..	..	..	..	..	..	..	..	..	..	..	..	..
Israël[1]	..	..	..	..	..	..	..	..	..	..	..	..	..	..
Italie	503.5	479.2	477.4	474.5	485.8	520.0	533.9	498.6	480.2	491.4	491.1	481.5	520.8	534.6
Japon	425.5	447.0	448.7	475.5	479.9	510.1	516.9	495.3	487.3	499.2	499.9	501.5	523.6	541.0
Corée	..	..	..	..	..	..	..	..	..	..	..	324.8	332.2	335.0
Luxembourg	..	..	..	..	..	..	..	..	..	..	..	..	..	..
Mexique	..	..	..	..	..	..	..	..	..	..	..	..	..	..
Pays-Bas	497.9	465.8	469.7	491.2	497.0	519.1	519.4	494.4	535.4	546.5	583.3	604.3	631.3	613.9
Nouvelle-Zélande	..	..	..	..	..	..	..	..	..	..	..	..	..	..
Norvège	..	..	..	..	..	..	..	..	..	..	..	..	..	..
Pologne	..	..	..	118.4	127.5	138.0	142.8	148.0	117.0	121.2	123.5	117.5	131.2	..
Portugal	..	..	..	..	..	..	..	..	..	..	..	..	..	..
République slovaque	347.1	341.2	325.6	319.0	302.7	296.0	295.1	280.1	273.3	281.8	281.4	284.5	287.1	284.7
Slovénie	..	283.1	285.8	292.8	306.3	303.5	309.1	304.4	275.1	285.3	289.3	282.5	293.5	..
Espagne	..	..	..	..	..	..	..	..	..	..	..	..	..	..
Suède	376.9	353.8	343.8	377.3	390.5	447.3	478.5	460.3	418.0	441.6	470.3	434.0	441.0	..
Suisse	..	..	..	..	..	..	..	..	..	..	..	..	..	..
Turquie	..	..	..	..	..	..	..	..	..	..	..	..	..	..
Royaume-Uni	..	..	..	..	..	..	..	..	..	..	..	..	..	..
États-Unis	515.3	485.0	445.4	478.2	511.7	534.5	549.0	545.3	451.7	477.1	505.7	492.3	507.7	574.7
Zone euro	..	..	..	..	..	..	..	..	..	..	..	..	..	..
OCDE-Total	..	..	..	..	..	..	..	..	..	..	..	..	..	..
Brésil	..	..	..	..	..	..	..	..	..	..	..	..	..	..
Chine	..	..	..	..	..	..	..	..	..	..	..	..	..	..
Inde	..	..	..	..	..	..	..	..	..	..	..	..	..	..
Indonésie	..	..	..	..	..	..	..	..	..	..	..	..	..	..
Fédération de Russie	..	..	..	..	..	..	..	..	..	..	..	..	..	..
Afrique du Sud	..	..	..	..	..	..	..	..	..	..	..	..	..	..

Note : Métadonnées détaillées :
http://stats.oecd.org/OECDStat_Metadata/ShowMetadata.ashx?Dataset=NAAG_2015_NOV15&Lang=fr&Coords=[INDICATOR].[TOTNETWORTHS14_S15NDI]

1.Informations sur les données concernant Israël : http://dx.doi.org/10.1787/888932315602

StatLink http://dx.doi.org/10.1787/888933316848

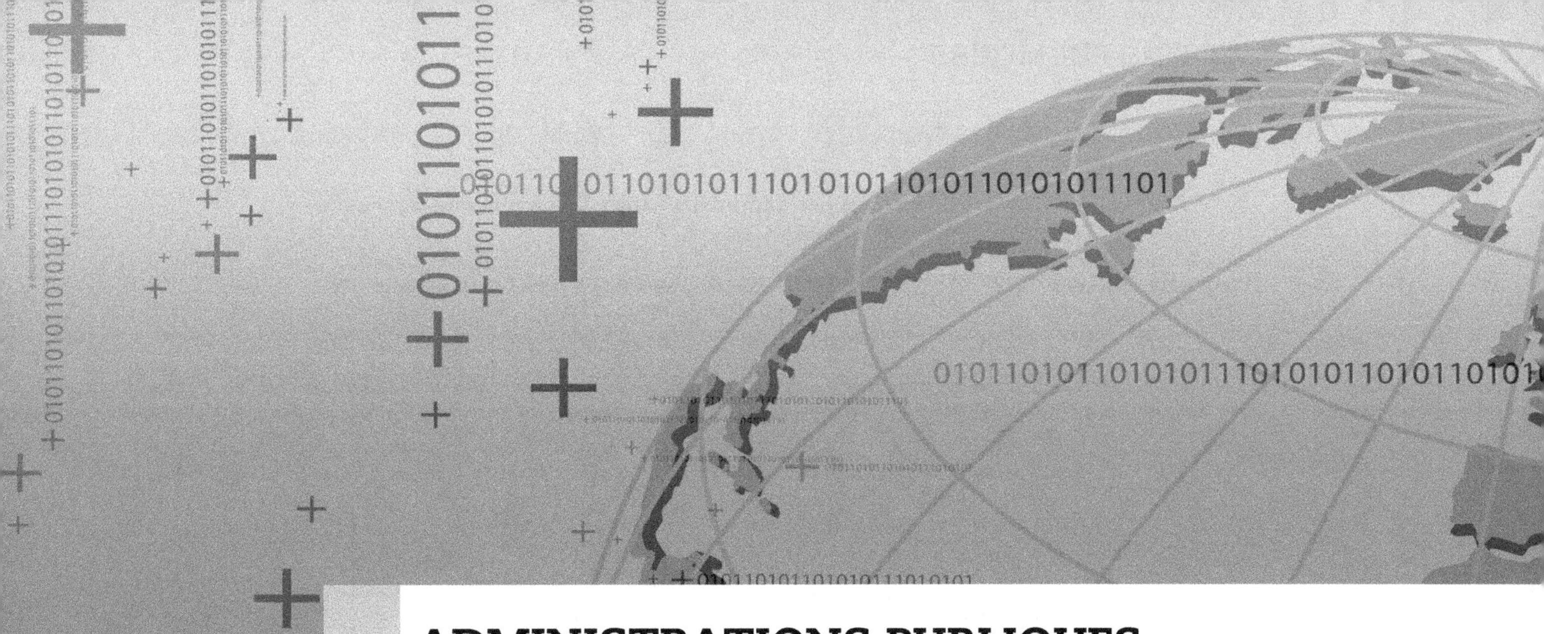

ADMINISTRATIONS PUBLIQUES

Tableau 23.1. Total des dépenses des administrations par composante principale

Pourcentage du PIB

	Rémunération des salariés			Prestations sociales et transferts sociaux			Consommation intermédiaire			Formation brute de capital fixe			Autres		
	2003	2008	2013	2003	2008	2013	2003	2008	2013	2003	2008	2013	2003	2008	2013
Australie	..	..	..	10.9	11.7	10.6	..	..	..	2.7	3.5	3.4	..	..	..
Autriche	10.8	10.6	10.6	22.4	21.2	23.0	5.5	6.2	6.4	2.4	3.2	3.0	9.9	8.6	8.0
Belgique	11.9	11.8	12.7	21.9	22.3	25.3	4.2	4.0	4.3	2.2	2.1	2.4	10.6	10.1	10.8
Canada	11.7	11.5	12.1	8.7	8.6	9.3	8.6	8.9	9.5	3.2	3.9	3.9	8.0	6.3	5.9
Chili	..	7.5	8.4	..	..	..	..	..	..	..	2.4	2.1	..	..	..
République tchèque	7.6	7.0	8.9	17.8	16.8	16.6	6.6	5.5	6.5	7.3	5.0	3.7	9.2	5.9	6.8
Danemark	16.3	15.6	16.8	18.6	16.3	19.4	7.9	8.6	9.4	2.6	3.0	3.7	8.3	7.0	7.8
Estonie	10.2	11.1	10.6	10.2	12.0	12.3	7.3	6.5	6.6	5.2	6.2	5.5	2.2	4.0	3.3
Finlande	13.2	12.9	14.4	18.0	16.9	21.7	8.5	9.4	11.6	3.8	3.6	4.1	5.9	5.5	5.8
France	13.1	12.4	12.9	22.5	23.0	25.7	4.7	4.7	5.2	3.9	3.9	4.0	8.5	9.0	9.2
Allemagne	8.2	7.4	7.8	26.0	23.1	23.6	3.8	4.0	4.8	2.1	2.1	2.2	7.7	7.0	6.1
Grèce	..	11.6	12.1	..	18.9	21.5	..	6.2	4.7	..	5.6	3.4	..	8.6	19.1
Hongrie	13.0	11.4	10.1	16.4	18.3	17.0	6.6	7.0	7.5	3.8	3.2	4.4	9.3	8.9	10.5
Islande	15.3	13.5	13.6	6.9	5.8	7.1	11.0	11.3	11.8	4.3	4.9	2.9	7.3	20.1	8.8
Irlande	9.2	11.3	10.4	10.0	14.0	15.9	5.2	5.4	4.6	3.6	5.2	1.8	4.9	6.0	7.0
Israël[1]	11.7	10.3	10.3	8.5	7.3	7.5	11.9	10.5	10.2	2.9	2.2	2.2	15.2	12.0	11.3
Italie	10.4	10.4	10.3	18.7	19.6	22.6	4.9	5.1	5.6	3.0	3.0	2.4	10.2	9.7	10.2
Japon	6.5	6.2	6.0	17.0	19.0	22.8	4.2	3.7	4.3	4.2	3.0	3.5	5.9	5.0	5.8
Corée	6.5	7.0	6.8	4.6	6.8	8.2	4.0	4.7	4.6	5.7	5.3	4.7	11.7	8.2	7.5
Luxembourg	8.0	7.4	9.0	19.8	18.9	20.9	3.4	3.3	3.7	4.7	3.7	3.5	6.2	6.0	6.1
Mexique	8.8	8.2	9.2	1.5	1.6	2.3	2.5	2.6	3.0	1.7	2.7	2.2	5.5	9.7	7.8
Pays-Bas	9.4	8.7	9.3	18.5	18.8	22.4	6.4	6.5	6.4	4.2	4.0	3.6	6.2	5.7	4.7
Nouvelle-Zélande	8.5	9.8	9.4	13.2	15.2	14.8	6.2	6.7	6.4	3.9	4.3	3.6	5.0	5.7	5.8
Norvège	13.8	11.9	13.6	17.4	13.3	15.2	6.6	5.4	6.0	3.9	3.8	4.3	6.3	5.8	4.9
Pologne	11.6	10.9	10.4	18.8	16.0	16.3	6.8	6.3	5.9	2.8	4.8	4.1	5.7	6.5	5.6
Portugal	14.3	13.1	12.5	15.2	16.7	20.4	4.7	5.5	5.6	4.4	3.7	2.2	6.8	6.2	9.2
République slovaque	8.7	7.4	8.5	15.0	16.1	18.9	5.6	4.6	5.2	3.2	3.3	3.1	7.5	5.3	5.4
Slovénie	11.5	10.8	12.1	17.6	16.3	19.3	6.0	6.0	6.9	3.7	4.7	4.4	7.0	6.0	17.7
Espagne	9.8	10.6	11.1	13.8	14.9	19.3	4.3	5.3	5.3	4.1	4.6	2.2	6.2	5.8	7.2
Suède	13.1	12.4	12.6	18.3	16.4	17.8	8.2	8.1	8.5	4.2	4.3	4.5	10.5	9.2	8.9
Suisse	7.8	7.0	7.5	11.8	10.1	11.2	4.4	4.1	4.4	3.2	2.8	3.0	8.4	7.1	7.9
Turquie	..	7.8	..	..	10.2	..	..	4.6	..	..	3.7	..	..	10.0	..
Royaume-Uni	10.3	10.6	9.6	12.5	12.9	14.5	9.7	11.6	11.3	2.2	3.1	2.6	6.4	8.4	6.9
États-Unis	10.4	10.4	10.1	11.6	13.1	14.4	6.5	7.2	6.5	3.8	4.0	3.3	4.3	4.6	4.4
Zone euro	..	..	..	..	..	..	..	..	..	..	..	..	..	..	..
OCDE-Total	..	..	..	..	..	..	..	..	..	..	..	..	..	..	..
Brésil	..	..	..	..	..	..	..	..	..	..	..	..	..	..	..
Chine	8.0	7.6	..	..	..	..	..	..	..	4.6	4.7	..	..	..	..
Inde	..	..	..	..	..	..	..	..	..	..	..	..	..	..	..
Indonésie	..	..	..	..	..	..	..	..	..	..	..	..	..	..	..
Fédération de Russie	8.8	9.0	11.6	10.0	8.7	12.0	8.4	7.8	8.1	2.7	2.1	1.9	6.6	6.8	6.0
Afrique du Sud	..	11.5	13.7	..	..	..	..	8.4	8.4	..	3.7	3.1	..	..	..

Note : Métadonnées détaillées :

http://stats.oecd.org/OECDStat_Metadata/ShowMetadata.ashx?Dataset=NAAG_2015_NOV15&Lang=fr&Coords=[INDICATOR].[D1S13S]

1.Informations sur les données concernant Israël : http://dx.doi.org/10.1787/888932315602

StatLink *http://dx.doi.org/10.1787/888933316859*

Tableau 24.1. **Dépenses par fonction des administrations publiques**

Pourcentage du PIB, 2012

	Total des dépenses	Services publics généraux	Défense	Ordre et sûreté publics	Affaires économiques	Protection de l'environnement	Logement et aménagement urbain	Santé	Loisirs, culture et religion	Education	Protection sociale
Australie	..	..	..	..	..	..	..	..	..	..	..
Autriche	51.0	7.2	0.6	1.3	6.2	0.5	0.4	7.9	0.9	5.0	21.0
Belgique	54.9	8.6	0.9	1.8	7.5	0.9	0.4	8.0	1.3	6.3	19.2
Canada	..	..	..	..	..	..	..	..	..	..	..
Chili	..	..	..	..	..	..	..	..	..	..	..
République tchèque	43.9	6.5	0.8	1.7	6.0	1.3	0.7	7.4	1.2	5.0	13.1
Danemark	58.8	9.3	1.4	1.0	3.7	0.4	0.3	8.8	1.9	7.1	24.9
Estonie	38.9	4.0	1.8	2.0	4.6	0.8	0.6	5.0	1.7	6.2	12.2
Finlande	56.1	8.2	1.5	1.4	4.8	0.2	0.4	8.2	1.2	6.4	23.8
France	56.8	6.8	1.8	1.6	5.0	1.0	1.4	8.0	1.4	5.5	24.2
Allemagne	44.1	6.4	1.1	1.5	3.4	0.6	0.4	6.8	0.8	4.2	18.8
Grèce	..	..	..	..	..	..	..	..	..	..	..
Hongrie	48.6	9.6	0.7	1.9	6.2	0.7	0.9	5.2	1.9	4.7	16.7
Islande	..	..	..	..	..	..	..	..	..	..	..
Irlande	41.7	6.7	0.4	1.6	3.4	0.7	0.8	6.9	0.7	4.4	16.1
Israël[1]	41.5	6.9	6.0	1.6	2.5	0.6	0.5	5.0	1.4	6.2	10.9
Italie	50.8	9.3	1.3	2.0	4.1	1.0	0.8	7.2	0.7	4.1	20.5
Japon	42.0	4.4	0.9	1.3	4.2	1.1	0.7	7.4	0.4	3.6	18.0
Corée	32.7	5.6	2.4	1.2	6.4	0.8	1.0	3.7	0.7	5.2	5.6
Luxembourg	44.1	5.7	0.4	1.0	4.2	1.1	0.8	5.0	1.2	5.4	19.3
Mexique	..	..	..	..	..	..	..	..	..	..	..
Pays-Bas	47.1	5.2	1.2	1.9	4.5	1.6	0.5	8.3	1.7	5.5	16.8
Nouvelle-Zélande	..	..	..	..	..	..	..	..	..	..	..
Norvège	42.9	4.3	1.4	0.9	4.4	0.8	0.6	7.3	1.3	4.9	17.1
Pologne	..	..	..	..	..	..	..	..	..	..	..
Portugal	48.8	9.2	1.2	2.2	2.9	0.4	0.6	6.6	0.9	6.5	18.4
République slovaque	40.1	4.8	1.3	3.2	3.7	0.9	0.7	7.4	1.2	4.4	12.4
Slovénie	48.1	6.2	1.1	1.8	4.0	0.7	0.8	6.9	1.8	6.4	18.5
Espagne	47.9	6.6	0.9	2.0	7.9	0.9	0.5	6.2	1.2	4.2	17.5
Suède	52.6	7.7	1.4	1.4	4.5	0.3	0.7	6.9	1.1	6.5	22.1
Suisse	33.2	4.0	1.0	1.7	3.9	0.7	0.2	2.1	0.8	6.0	12.8
Turquie	..	..	..	..	..	..	..	..	..	..	..
Royaume-Uni	46.7	5.4	2.4	2.3	3.5	0.9	0.8	7.5	0.9	5.8	17.3
États-Unis	40.1	5.8	4.2	2.2	3.7	0.0	0.7	8.7	0.3	6.4	8.1
Zone euro	..	..	..	..	..	..	..	..	..	..	..
OCDE-Total	..	..	..	..	..	..	..	..	..	..	..
Brésil	..	..	..	..	..	..	..	..	..	..	..
Chine	..	..	..	..	..	..	..	..	..	..	..
Inde	..	..	..	..	..	..	..	..	..	..	..
Indonésie	..	..	..	..	..	..	..	..	..	..	..
Fédération de Russie	37.7	..	..	..	..	..	..	..	..	..	..
Afrique du Sud	..	..	..	..	..	..	..	..	..	..	..

Note : Métadonnées détaillées :

http://stats.oecd.org/OECDStat_Metadata/ShowMetadata.ashx?Dataset=NAAG_2015_NOV15&Lang=fr&Coords=[INDICATOR].[TLYCGTGS13S]

1.Informations sur les données concernant Israël : http://dx.doi.org/10.1787/888932315602

StatLink http://dx.doi.org/10.1787/888933316869

Tableau 25.1. **Les impôts dans le *Système de comptabilité nationale* (SCN)**

Pourcentage du PIB

	Total des impôts reçus			Impôts sur la production et les importations			Impôts courants sur le revenu, le patrimoine, etc.			Impôts en capital		
	2003	2008	2013	2003	2008	2013	2003	2008	2013	2003	2008	2013
Australie	30.2	26.9	27.6	12.8	10.9	11.6	17.4	16.0	16.1	0.0	0.0	0.0
Autriche	28.2	27.6	27.9	14.7	13.9	14.4	13.4	13.7	13.3	0.1	0.0	0.2
Belgique	29.2	29.3	30.8	12.6	12.5	13.0	16.2	16.1	16.7	0.5	0.7	1.0
Canada	..	..	..	12.7	11.1	11.2	14.9	15.4	14.7	..	..	..
Chili	..	..	..	..	11.0	11.0	..	6.3	6.3	..	..	..
République tchèque	19.1	18.0	19.8	10.2	10.4	12.8	8.8	7.6	7.0	0.0	0.0	0.0
Danemark	45.5	44.7	47.6	16.9	16.5	16.8	28.4	28.0	30.6	0.2	0.3	0.2
Estonie	..	..	..	12.2	12.1	13.3	8.1	7.7	7.1	..	..	..
Finlande	31.0	29.6	31.0	13.7	12.4	14.5	17.1	16.8	16.2	0.3	0.3	0.3
France	26.1	26.8	28.7	14.9	14.7	15.5	10.8	11.7	12.7	0.5	0.4	0.5
Allemagne	21.3	22.9	22.8	10.7	10.7	10.8	10.4	12.0	11.8	0.2	0.2	0.2
Grèce	..	20.9	24.7	..	12.6	14.1	..	8.1	10.5	..	0.3	0.1
Hongrie	25.0	25.9	25.1	15.6	15.5	18.5	9.3	10.3	6.6	0.1	0.1	0.0
Islande	32.7	32.6	32.3	16.3	15.0	14.2	16.3	17.5	17.9	0.1	0.1	0.1
Irlande	25.0	24.4	23.7	12.4	12.0	10.7	12.4	12.2	12.8	0.1	0.2	0.2
Israël[1]	27.7	26.5	25.6	15.5	14.6	14.7	12.0	11.6	10.6	0.2	0.3	0.4
Italie	27.8	28.3	30.1	13.7	13.6	14.9	12.8	14.7	15.0	1.3	0.0	0.3
Japon	16.0	18.4	17.6	8.2	8.5	8.6	7.5	9.6	8.7	0.3	0.3	0.3
Corée	18.6	19.9	18.2	11.5	11.3	10.2	6.9	8.2	7.7	0.2	0.3	0.3
Luxembourg	27.3	26.6	27.1	12.5	12.5	12.8	14.6	14.0	14.2	0.2	0.1	0.2
Mexique	11.3	11.3	12.5	6.1	5.4	5.7	5.1	5.9	6.8	0.0	0.0	0.0
Pays-Bas	21.9	22.6	21.4	11.6	11.5	11.0	10.0	10.8	10.1	0.3	0.3	0.3
Nouvelle-Zélande	32.2	33.4	30.9	12.4	12.3	13.3	19.8	20.9	17.6	0.1	0.1	0.1
Norvège	32.0	32.8	30.4	12.8	11.0	11.4	19.1	21.7	19.0	0.1	0.1	0.1
Pologne	19.9	22.9	19.6	13.6	14.5	12.8	6.3	8.4	6.8	0.0	0.0	0.0
Portugal	22.8	23.3	25.1	14.5	14.0	13.7	8.2	9.3	11.4	0.1	0.0	0.0
République slovaque	18.9	17.1	16.7	12.0	10.4	10.3	7.0	6.7	6.4	0.0	0.0	0.0
Slovénie	23.5	22.7	22.2	15.7	13.9	15.1	7.8	8.7	7.1	0.0	0.0	0.0
Espagne	21.6	20.6	21.8	11.4	9.7	11.2	9.8	10.4	10.2	0.4	0.4	0.5
Suède	42.0	41.1	39.9	22.8	22.3	22.2	19.1	18.7	17.8	0.1	0.0	0.0
Suisse	20.2	20.6	20.5	6.6	6.2	6.2	13.4	14.3	14.2	0.2	0.1	0.2
Turquie	..	19.1	..	..	11.7	..	..	7.4	..	..	0.0	..
Royaume-Uni	27.3	29.4	27.0	12.5	11.6	12.7	14.6	16.2	14.0	0.2	1.6	0.2
États-Unis	17.9	19.4	19.5	7.0	7.1	7.1	10.6	12.1	12.3	0.2	0.2	0.2
Zone euro	..	..	..	..	..	..	..	..	..	..	..	..
OCDE-Total	..	..	..	..	..	..	..	..	..	..	..	..
Brésil	..	..	..	..	..	..	..	..	..	..	..	..
Chine	..	..	..	12.9	12.6	..	3.1	4.7	..	..	..	..
Inde	..	..	..	..	..	..	..	..	..	..	..	..
Indonésie	..	..	..	..	..	..	..	..	..	..	..	..
Fédération de Russie	..	..	..	17.6	20.6	15.7	7.8	10.7	7.6	..	..	..
Afrique du Sud	..	..	..	..	11.8	12.4	..	15.0	14.4	..	..	..

Note : Métadonnées détaillées :

http://stats.oecd.org/OECDStat_Metadata/ShowMetadata.ashx?Dataset=NAAG_2015_NOV15&Lang=fr&Coords=[INDICATOR].[D2D5D91RS13S]

1.Informations sur les données concernant Israël : http://dx.doi.org/10.1787/888932315602

StatLink *http://dx.doi.org/10.1787/888933316871*

Tableau 26.1. **Cotisations sociales versées aux administrations publiques**

Pourcentage du PIB

	2000	2001	2002	2003	2004	2005	2006	2007	2008	2009	2010	2011	2012	2013
Australie	0.0	0.0	0.0	0.0	0.0	0.0	0.0	0.0	0.0	0.0	0.0	0.0	0.0	..
Autriche	15.6	15.6	15.4	15.4	15.3	15.0	14.8	14.5	14.6	15.1	14.9	14.9	14.9	15.2
Belgique	15.4	15.7	16.0	15.9	15.5	15.3	15.2	15.3	15.8	16.4	16.1	16.3	16.6	16.9
Canada	4.5	4.7	4.9	4.9	4.7	4.6	4.6	4.5	4.4	4.7	4.6	4.5	4.6	4.7
Chili	..	..	..	..	..	..	..	..	1.7	1.8	1.7	1.7	1.8	1.9
République tchèque	14.4	14.3	14.9	15.0	14.8	14.8	15.0	15.1	14.9	14.3	14.6	14.7	14.9	14.9
Danemark	2.4	2.3	1.7	1.7	1.6	1.5	1.4	1.4	1.3	1.4	1.4	1.3	1.2	1.1
Estonie	11.0	10.7	11.1	10.7	10.4	10.3	10.1	10.5	11.6	13.1	13.0	11.8	11.3	11.1
Finlande	11.8	11.8	11.6	11.5	11.4	11.6	11.9	11.6	11.6	12.3	12.2	12.2	12.8	12.8
France	17.4	17.3	17.4	17.7	17.5	17.6	17.7	17.5	17.6	18.3	18.1	18.3	18.5	18.8
Allemagne	18.1	17.8	17.8	18.0	17.6	17.4	16.9	16.1	16.1	16.9	16.5	16.4	16.5	16.5
Grèce	..	..	..	..	..	..	11.9	12.4	12.7	12.4	13.1	13.2	13.8	13.5
Hongrie	13.1	12.8	12.7	12.5	12.2	12.4	12.4	13.6	13.6	13.0	12.0	13.1	13.0	13.0
Islande	2.8	2.8	2.8	3.0	2.9	3.1	3.2	2.9	2.7	2.9	3.9	3.9	3.7	3.7
Irlande	4.9	5.0	4.9	5.0	5.1	5.1	5.2	5.4	5.9	6.0	5.7	5.7	5.5	5.7
Israël[1]	6.2	6.6	6.7	6.7	6.6	6.4	6.3	6.1	6.2	6.0	6.1	6.1	5.9	5.9
Italie	11.8	11.8	12.0	12.1	12.2	12.2	11.9	12.6	13.0	13.5	13.3	13.2	13.4	13.4
Japon	9.9	10.3	10.4	10.7	10.3	10.6	10.9	11.0	11.5	11.8	11.8	12.5	12.8	13.0
Corée	4.6	5.1	5.2	5.6	5.7	6.1	6.3	6.4	6.7	6.9	6.7	7.0	7.5	7.8
Luxembourg	10.4	11.3	11.4	11.7	11.5	11.6	10.9	10.9	11.4	12.6	12.0	12.4	12.7	12.3
Mexique	..	..	..	2.2	2.0	1.9	1.8	1.8	1.7	1.8	1.7	1.8	1.8	1.9
Pays-Bas	15.3	13.7	13.3	13.8	13.9	13.0	13.7	13.1	14.0	13.4	13.7	14.3	15.2	15.5
Nouvelle-Zélande	1.0	1.0	1.1	1.0	1.0	1.0	1.1	1.1	1.1	1.2	1.4	1.3	1.2	1.1
Norvège	8.8	9.1	9.7	9.6	9.2	8.7	8.5	8.7	8.6	9.6	9.4	9.3	9.3	9.5
Pologne	13.9	14.5	13.9	13.7	13.2	13.2	13.0	12.7	12.2	12.1	11.7	12.1	12.9	13.3
Portugal	10.5	10.7	11.0	11.5	11.3	11.6	11.5	11.3	11.6	12.1	11.9	12.0	11.4	12.0
République slovaque	14.0	14.2	14.5	13.7	13.0	12.6	11.7	11.6	11.7	12.5	12.3	12.3	12.5	13.5
Slovénie	14.2	14.4	14.2	14.1	14.2	14.2	14.0	13.7	14.0	14.9	15.2	15.0	15.2	14.9
Espagne	12.6	12.7	12.7	12.7	12.7	12.6	12.6	12.6	12.7	12.9	12.8	12.9	12.6	12.4
Suède	5.4	5.0	4.2	4.2	4.2	3.8	3.5	3.5	3.6	3.8	3.6	3.7	3.8	3.8
Suisse	6.7	6.9	7.1	7.0	6.5	6.5	6.3	6.2	6.2	6.6	6.4	6.7	6.8	6.8
Turquie	..	..	..	..	..	..	6.7	6.8	8.6	9.6	9.4	9.2	..	..
Royaume-Uni	7.2	7.4	7.2	7.5	7.8	7.9	7.9	7.8	8.1	8.1	8.0	7.9	7.9	7.8
États-Unis	6.9	6.9	6.9	6.8	6.8	6.7	6.7	6.7	6.7	6.7	6.6	5.9	5.9	6.7
Zone euro	..	..	..	..	..	..	..	..	..	..	..	..	..	..
OCDE-Total	..	..	..	..	..	..	..	..	..	..	..	..	..	..
Brésil	..	..	..	..	..	..	..	..	..	..	10.5	10.6	..	..
Chine	2.7	2.8	3.4	3.6	3.6	3.8	4.0	4.1	4.4	4.7	5.1	5.8	6.0	..
Inde	..	..	..	..	..	..	..	..	..	..	..	..	..	..
Indonésie	..	..	..	..	..	..	..	..	..	..	..	..	..	..
Fédération de Russie	..	..	8.5	8.6	7.9	6.2	5.9	6.0	6.1	6.7	6.0	7.5	7.4	7.9
Afrique du Sud	..	..	..	..	..	..	..	..	0.6	0.6	0.5	0.5	0.6	0.6

Note : Métadonnées détaillées :
http://stats.oecd.org/OECDStat_Metadata/ShowMetadata.ashx?Dataset=NAAG_2015_NOV15&Lang=fr&Coords=[INDICATOR].[D61RS13S]
1.Informations sur les données concernant Israël : http://dx.doi.org/10.1787/888932315602

StatLink http://dx.doi.org/10.1787/888933316880

Tableau 27.1. **Prestations sociales versées aux ménages**

Pourcentage du PIB

	Prestations sociales autres que transferts sociaux en nature							Transferts sociaux en nature						
	2007	2008	2009	2010	2011	2012	2013	2007	2008	2009	2010	2011	2012	2013
Australie	7.4	9.0	7.7	7.6	7.9	8.1	8.0	10.5	10.8	11.1	10.9	11.0	10.9	10.8
Autriche	17.6	17.8	19.2	19.4	18.7	18.8	19.2	11.6	11.9	12.6	12.4	12.2	12.3	12.3
Belgique	14.7	15.3	16.7	16.4	16.4	16.9	17.4	13.3	14.0	15.1	15.0	15.2	15.5	15.6
Canada	8.5	8.6	9.9	9.7	9.3	9.3	9.3	..	..	..	..	..	..	..
Chili	..	4.2	4.6	4.4	4.1	4.1	3.9	..	..	..	..	..	..	..
République tchèque	11.9	11.8	13.0	13.1	13.1	13.2	13.4	9.4	9.4	10.4	10.3	10.6	10.6	10.7
Danemark	14.8	14.7	16.7	17.4	17.4	17.6	17.8	16.8	17.4	19.5	19.3	18.8	18.8	18.8
Estonie	8.4	10.4	13.8	12.7	11.2	10.7	10.6	8.9	10.4	12.1	11.4	10.4	10.1	10.2
Finlande	14.5	14.7	17.3	17.5	17.2	18.1	19.0	13.7	14.3	16.0	15.9	15.9	16.5	16.6
France	17.4	17.6	19.2	19.2	19.1	19.6	19.9	14.3	14.5	15.4	15.4	15.2	15.4	15.4
Allemagne	16.0	15.8	17.3	16.7	15.7	15.6	15.5	11.0	11.2	12.4	12.2	12.0	12.1	12.4
Grèce	14.6	16.0	17.5	17.7	19.5	20.3	19.0	10.2	10.5	11.4	10.9	10.7	10.2	9.4
Hongrie	15.2	15.6	16.1	15.7	15.3	15.2	14.8	11.0	11.2	11.5	11.1	10.6	10.3	9.8
Islande	5.5	5.8	7.7	7.5	8.1	7.6	7.1	15.3	15.6	16.1	15.8	15.5	15.3	15.4
Irlande	9.7	11.6	14.3	14.3	13.7	13.8	13.1	10.9	11.9	13.5	13.1	12.4	12.2	12.1
Israël[1]	5.4	5.5	5.7	5.7	5.7	5.6	5.5	10.4	10.6	10.7	10.8	10.8	11.0	11.4
Italie	16.4	17.0	18.5	18.6	18.6	19.3	19.9	11.2	11.4	12.1	12.0	11.4	11.4	11.4
Japon	11.6	12.1	13.7	13.8	14.4	14.3	14.4	10.1	10.5	11.4	11.3	11.9	12.1	12.2
Corée	3.4	3.8	4.0	4.1	4.3	4.5	4.7	6.8	7.1	7.5	7.1	7.4	7.5	7.6
Luxembourg	13.2	14.3	16.5	15.7	15.6	16.2	15.9	9.0	9.3	10.5	10.2	10.2	10.5	10.6
Mexique	1.6	1.6	1.9	2.0	2.1	2.2	2.3	5.0	5.3	5.7	5.7	5.7	5.8	6.0
Pays-Bas	9.6	9.6	10.7	11.0	11.1	11.4	11.8	15.2	15.6	17.4	17.6	17.4	17.7	17.4
Nouvelle-Zélande	9.8	10.5	11.1	11.1	10.8	10.8	10.3	11.0	12.0	12.2	12.3	12.3	12.3	11.9
Norvège	11.9	11.5	13.4	13.3	13.1	13.0	13.2	12.5	12.3	14.2	14.0	13.8	13.7	14.0
Pologne	14.1	14.0	14.5	14.5	13.8	13.9	14.4	9.7	9.9	10.1	10.2	9.8	9.8	9.9
Portugal	14.1	14.6	16.4	16.4	17.0	17.6	18.5	11.0	11.1	11.9	11.4	10.7	10.0	10.2
République slovaque	11.7	11.5	14.0	14.2	13.7	13.9	13.9	7.8	8.2	9.3	9.1	8.5	8.7	9.0
Slovénie	14.1	14.4	16.1	16.8	17.2	17.1	17.2	10.0	10.4	11.6	11.9	11.9	11.9	11.7
Espagne	11.5	12.3	14.4	15.1	15.3	16.2	16.5	10.2	10.8	12.0	11.8	11.7	11.2	11.1
Suède	13.6	13.6	14.8	14.0	13.4	14.0	14.3	17.6	17.9	18.9	18.2	18.1	18.6	18.8
Suisse	9.4	9.2	10.2	10.1	10.0	10.1	10.2	5.6	5.5	6.1	6.0	6.1	6.3	6.3
Turquie	7.0	7.2	8.4	7.8	8.3	..	..	6.8	7.0	9.1	8.7	8.4	..	..
Royaume-Uni	12.3	12.9	14.7	14.6	14.5	14.8	14.5	12.2	12.8	13.9	13.6	13.2	13.0	12.6
États-Unis	11.8	13.1	14.7	15.4	15.0	14.5	14.4	6.1	6.4	6.7	6.5	6.3	6.1	5.9
Zone euro	..	..	..	..	..	..	..	..	..	..	..	..	..	..
OCDE-Total	..	..	..	..	..	..	..	..	..	..	..	..	..	..
Brésil	..	..	..	13.7	13.6	..	..	..	..	..	..	..	..	..
Chine	4.2	4.8	5.4	5.5	5.9	6.3	..	..	..	..	..	..	..	..
Inde	..	..	..	..	..	..	..	..	..	..	..	..	..	..
Indonésie	..	..	..	..	..	..	..	..	..	..	..	..	..	..
Fédération de Russie	7.3	7.4	9.6	11.0	9.3	10.2	10.9	8.2	8.5	9.9	8.9	8.7	8.3	8.5
Afrique du Sud	..	12.6	13.6	13.8	13.4	13.3	13.6	..	8.8	9.4	9.7	9.4	9.2	9.4

Note : Métadonnées détaillées :

http://stats.oecd.org/OECDStat_Metadata/ShowMetadata.ashx?Dataset=NAAG_2015_NOV15&Lang=fr&Coords=[INDICATOR].[D62_D63PS13STE]

1.Informations sur les données concernant Israël : http://dx.doi.org/10.1787/888932315602

StatLink http://dx.doi.org/10.1787/888933316890

Tableau 28.1. **Épargne nette et capacité/besoin de financement des administrations publiques**

Pourcentage du PIB

	Épargne nette							Capacité/besoin de financement						
	2007	2008	2009	2010	2011	2012	2013	2007	2008	2009	2010	2011	2012	2013
Australie	2.2	-1.9	-2.4	-2.0	-2.1	-0.8	-0.8	0.5	-4.0	-5.7	-4.6	-4.4	-2.3	-2.6
Autriche	0.3	0.2	-3.0	-2.9	-1.3	-0.8	-0.6	-1.3	-1.4	-5.3	-4.4	-2.6	-2.2	-1.3
Belgique	0.5	-0.6	-4.4	-3.2	-2.7	-2.5	-2.1	0.1	-1.1	-5.4	-4.0	-4.1	-4.1	-2.9
Canada	2.5	0.8	-3.0	-3.2	-2.4	-2.1	-1.9	1.5	-0.3	-4.5	-4.9	-3.7	-3.1	-2.7
Chili	..	..	..	..	..	..	..	..	4.8	-4.0	0.0	1.5	0.8	-0.4
République tchèque	0.3	-0.9	-5.0	-4.6 |	-3.3	-2.7	-2.4	-0.7	-2.1	-5.5	-4.4 |	-2.7	-4.0	-1.3
Danemark	5.0	3.6	-2.6	-2.2	-1.3	-1.1	-0.2	5.0	3.2	-2.8	-2.7	-2.1	-3.6	-1.3
Estonie	6.6	2.0	0.4	0.3	1.5	2.3	1.7	2.7	-2.7	-2.2	0.2	1.2	-0.3	-0.1
Finlande	5.5	4.6	-1.8	-2.3	-0.5	-1.6	-2.1	5.1	4.2	-2.5	-2.6	-1.0	-2.1	-2.5
France	-1.0	-1.5	-5.2	-5.1	-3.7	-3.4	-2.7	-2.5	-3.2	-7.2	-6.8	-5.1	-4.8	-4.1
Allemagne	0.9	0.9	-2.1	-2.2	0.0	0.7	0.6	0.2	-0.2	-3.2	-4.2	-1.0	-0.1	-0.1
Grèce	-6.4	-8.1	-13.2	-11.8	-12.1	-8.2	-4.1	-6.7	-10.2	-15.2	-11.2	-10.2	-8.8	-12.4
Hongrie	-3.2	-3.3	-4.9	-5.1	-5.1	-2.8	-2.9	-5.1	-3.6	-4.6	-4.5	-5.5	-2.3	-2.5
Islande	8.5	3.1	-6.6	-4.1	-3.3	-1.8	-0.2	4.9	-13.1	-9.7	-9.8	-5.6	-3.7	-1.9
Irlande	2.6	-3.0	-9.1	-8.9	-7.8	-7.4	-5.9	0.3	-7.0	-13.8	-32.3	-12.5	-8.0	-5.7
Israël[1]	0.0	-1.9	-4.7	-3.3	-2.8	-4.1	-3.2	-0.9	-2.9	-5.9	-4.1	-3.4	-5.0	-4.2
Italie	0.3	-1.1	-3.7	-3.1	-3.0	-2.1	-2.7	-1.5	-2.7	-5.3	-4.2	-3.5	-3.0	-2.9
Japon	-2.1	-3.0	-8.8	-8.3	-8.3	-8.0	-7.2	-2.1	-1.9	-8.8	-8.3	-8.8	-8.7	-8.5
Corée	8.4	6.4	4.8	5.1	5.2	4.8	4.4	4.2	2.3	-1.3	1.0	1.0	1.0	1.3
Luxembourg	7.1	6.1	3.0	3.3	3.5	3.0	2.9	4.1	3.3	-0.5	-0.5	0.5	0.2	0.7
Mexique	3.1	4.7	2.1	2.6	2.9	2.1	2.3	0.2	-0.2	-0.6	-0.6	-0.1	0.0	0.1
Pays-Bas	0.8	1.1	-3.6	-3.6	-3.5	-3.2	-2.4	0.2	0.2	-5.4	-5.0	-4.3	-3.9	-2.4
Nouvelle-Zélande	5.8	2.5	-0.8	-1.2	-0.8	0.5	1.5	4.3	0.4	-2.8	-6.7	-3.5	-1.6	-0.4
Norvège	18.3	20.1	12.1	12.3	14.7	14.8	12.1	17.1	18.7	10.3	11.0	13.4	13.8	10.8
Pologne	0.5	-0.7	-4.1	-4.8	-2.5	-2.2	-2.9	-1.9	-3.6	-7.3	-7.5	-4.9	-3.7	-4.0
Portugal	-2.7	-3.3	-8.4	-8.0	-7.0	-7.2	-5.8	-3.0	-3.8	-9.8	-11.2	-7.4	-5.7	-4.8
République slovaque	-1.9	-1.6	-6.7	-7.4	-4.4	-5.0	-3.6	-1.9	-2.3	-7.9	-7.5	-4.1	-4.2	-2.6
Slovénie	2.8	1.7	-3.1	-3.3	-4.0	-3.1	-3.2	-0.1	-1.4	-5.9	-5.6	-6.6	-4.1	-15.0
Espagne	5.2	-0.9	-6.9	-6.2	-7.1	-6.3	-6.7	2.0	-4.4	-11.0	-9.4	-9.5	-10.4	-6.9
Suède	4.3	2.9	0.3	1.1	1.1	0.1	-0.4	3.3	2.0	-0.7	0.0	-0.1	-0.9	-1.4
Suisse	1.9	3.5	1.9	1.6	2.0	1.2	1.2	0.9	2.0	0.8	0.3	0.8	0.2	-0.3
Turquie	1.7	0.9	-3.6	0.1	1.8	..	..	-1.5	-2.3	-6.5	-2.9	-0.8	..	..
Royaume-Uni	-1.3	-2.4	-7.2	-7.1	-5.7	-6.1	-4.3	-3.0	-5.1	-10.8	-9.7	-7.7	-8.3	-5.7
États-Unis	-2.3	-5.4	-10.5	-10.4	-9.4	-8.0	-4.9	-3.5	-7.0	-12.7	-12.0	-10.6	-8.8	-5.3
Zone euro	..	..	..	..	..	..	..	..	..	..	..	..	..	..
OCDE-Total	..	..	..	..	..	..	..	..	..	..	..	..	..	..
Brésil	..	..	..	..	..	..	..	..	..	..	-2.8	-2.2	..	..
Chine	..	..	..	..	..	..	..	3.2	1.8	0.6	1.5	1.8	1.2	..
Inde	..	..	..	..	..	..	..	..	..	..	..	..	..	..
Indonésie	..	..	..	..	..	..	..	..	..	..	..	..	..	..
Fédération de Russie	12.3	12.8	2.6	3.8	8.4	7.1	4.4	5.6	7.3	-4.0	-1.2	3.8	2.5	0.3
Afrique du Sud	..	1.2	-1.7	-1.6	-0.9	-1.4	-1.5	..	-1.7	-3.9	-3.1	-3.0	-3.2	-3.3

Note : Métadonnées détaillées :
http://stats.oecd.org/OECDStat_Metadata/ShowMetadata.ashx?Dataset=NAAG_2015_NOV15&Lang=fr&Coords=[INDICATOR].[B9S13S]

1.Informations sur les données concernant Israël : http://dx.doi.org/10.1787/888932315602

StatLink http://dx.doi.org/10.1787/888933316900

29. Dette brute des administrations publiques

Tableau 29.1. **Dette ajustée des administrations publiques, (engagements de retraite non-capitalisés exclus)**

Pourcentage du PIB

	2000	2001	2002	2003	2004	2005	2006	2007	2008	2009	2010	2011	2012	2013
Australie	26.4	25.1	23.9	20.9	21.4	21.0	19.7	19.5	20.7	25.4	28.5	33.1	36.6	37.0
Autriche	70.5	71.6	73.4	72.0	71.3	75.8	72.4	68.7	74.0	86.3	90.3	91.3	97.5	93.6
Belgique	120.3	118.9	118.0	114.4	110.1	107.6	99.7	93.5	100.8	109.2	107.4	109.8	119.9	117.7
Canada	84.2	85.7	84.8	80.3	76.5	75.8	74.9	70.4	74.7	87.4	89.5	93.1	95.9	92.3
Chili	..	..	..	..	..	17.4	14.1	12.2	12.4	13.4	15.6	18.3	18.8	19.4
République tchèque	24.0	28.0	30.1	32.6	32.2	31.9	31.6	30.3	34.2	41.0	45.8	48.1	57.8	57.9
Danemark	60.5	58.3	58.1	56.1	52.4	45.1	40.5	34.6	42.0	49.5	53.8	60.6	61.5	58.0
Estonie	6.8	6.7	7.6	8.4	8.6	8.2	8.0	7.2	8.4	12.6	11.9	9.4	12.9	13.4
Finlande	51.0	48.4	48.2	49.2	49.4	46.5	43.1	39.1	38.3	49.2	55.1	57.5	63.4	64.4
France	71.9	71.0	74.6	78.5	80.0	81.7	76.9	75.6	81.5	93.2	96.8	100.7	110.4	110.1
Allemagne	59.8	58.9	61.3	64.8	67.7	70.3	68.4	64.3	68.1	75.6	84.1	83.5	86.4	81.6
Grèce	110.9	112.9	111.0	105.7	107.2	111.3	115.8	113.1	117.4	134.7	128.4	110.7	167.0	181.7
Hongrie	61.0	58.9	60.0	60.7	64.1	67.1	70.7	71.5	75.0	84.1	86.0	95.0	97.9	95.9
Islande	..	..	..	39.9	34.8	26.5	32.1	30.2	70.9	85.6	90.9	97.5	95.5	87.8
Irlande	38.7	35.6	34.1	32.9	31.5	31.4	27.6	27.4	47.5	67.8	84.6	109.2	129.7	133.0
Israël[1]	..	91.2	94.9	100.2	98.0	95.7	85.4	81.3	81.0	84.0	80.3	78.6	79.0	77.0
Italie	118.9	118.1	116.9	114.2	114.6	117.4	115.0	110.6	112.9	125.9	124.8	117.8	136.0	143.2
Japon	144.5	151.4	161.8	172.3	178.8	180.2	180.0	180.0	184.2	207.3	210.6	226.5	234.8	239.3
Corée	..	..	..	..	..	..	..	..	..	..	..	..	..	..
Luxembourg	..	..	12.3	13.2	14.1	12.4	11.9	11.6	19.2	18.9	26.2	27.0	30.6	30.0
Mexique	..	..	..	42.5	38.0	35.5	34.9	37.9	41.9	44.3	40.8	46.4	49.6	48.7
Pays-Bas	60.1	56.2	56.9	58.0	58.0	57.1	51.0	48.2	61.0	63.7	67.6	71.6	77.4	76.4
Nouvelle-Zélande	..	..	..	..	..	..	..	..	..	..	..	..	..	..
Norvège	32.2	31.3	38.7	48.0	49.9	46.9	57.8	55.6	54.2	48.1	48.4	33.8	34.5	34.8
Pologne	..	..	..	54.8	53.7	54.4	54.5	50.9	53.9	57.1	60.7	61.1	60.7	62.6
Portugal	62.0	63.5	66.8	70.6	76.7	80.0	79.4	78.1	82.8	96.1	104.1	107.8	136.9	140.7
République slovaque	57.9	56.6	49.4	47.5	45.1	38.1	36.0	34.5	33.5	42.0	46.9	49.4	57.7	60.7
Slovénie	..	33.0	34.0	33.5	34.3	33.4	33.3	29.1	28.3	42.5	46.8	50.4	60.6	79.5
Espagne	65.2	60.6	59.3	54.4	52.5	50.0	45.7	41.7	47.1	61.7	66.5	77.5	92.0	103.8
Suède	56.7	57.8	57.7	56.6	56.0	56.9	51.0	45.4	44.0	47.2	44.8	45.1	45.3	47.3
Suisse	52.5	52.3	58.9	57.4	58.1	56.1	50.1	49.9	46.1	44.9	43.5	43.3	44.5	..
Turquie	..	..	..	..	..	..	..	..	..	54.3	52.5	47.8	46.4	39.7
Royaume-Uni	50.5	45.9	46.0	45.6	48.9	50.8	50.0	51.0	61.7	75.5	88.0	101.5	106.6	102.6
États-Unis	53.1	53.0	55.2	58.2	65.1	64.3	63.0	63.1	71.7	84.8	93.4	97.6	101.0	103.2
Zone euro	..	..	..	..	..	..	..	..	..	..	..	..	..	..
OCDE-Total	..	..	..	..	..	..	..	..	..	..	..	..	..	..
Brésil	..	..	..	..	..	..	..	..	..	..	..	..	..	..
Chine	..	..	..	..	..	..	..	..	..	..	..	..	..	..
Inde	..	..	..	..	..	..	..	..	..	..	..	..	..	..
Indonésie	..	..	..	..	..	..	..	..	..	..	..	..	..	..
Fédération de Russie	..	..	..	..	..	..	..	..	..	..	..	..	..	..
Afrique du Sud	..	..	..	..	..	..	..	..	..	..	..	..	..	..

Note : Métadonnées détaillées :

http://stats.oecd.org/OECDStat_Metadata/ShowMetadata.ashx?Dataset=NAAG_2015_NOV15&Lang=fr&Coords=[INDICATOR].[DBTADJS13GDP]

1. Informations sur les données concernant Israël : http://dx.doi.org/10.1787/888932315602

StatLink http://dx.doi.org/10.1787/888933316919

Tableau 29.2. **Dette des administrations publiques, (engagements de retraite non-capitalisés inclus)**

Pourcentage du PIB

	2000	2001	2002	2003	2004	2005	2006	2007	2008	2009	2010	2011	2012	2013
Australie	42.9	41.6	40.7	38.3	37.5	36.7	36.3	34.1	35.1	43.3	46.9	50.8	62.8	58.5
Canada	102.6	102.6	101.3	96.3	91.7	90.5	89.1	84.3	88.5	102.1	103.8	106.8	109.4	105.7
Islande	..	..	..	66.1	59.6	49.7	54.9	49.8	95.7	109.4	114.6	122.1	120.2	112.2
Suède	62.7	64.0	64.2	63.0	62.5	63.6	57.6	51.9	50.7	54.5	51.9	52.8	53.4	55.9
États-Unis	61.5	63.9	70.5	71.4	79.2	78.5	76.2	76.5	92.3	105.7	116.0	121.6	124.7	123.8

Note : Métadonnées détaillées :

http://stats.oecd.org/OECDStat_Metadata/ShowMetadata.ashx?Dataset=NAAG_2015_NOV15&Lang=fr&Coords=[INDICATOR].[DBTS13GDP]

StatLink http://dx.doi.org/10.1787/888933316928

30. Richesse financière nette des administrations publiques

Tableau 30.1. **Valeur nette financière des administrations publiques**

Pourcentage du PIB

	2000	2001	2002	2003	2004	2005	2006	2007	2008	2009	2010	2011	2012	2013
Australie	4.3	2.2	3.8	6.5	9.9	11.0	12.1	15.6	15.7	9.3	4.0	-1.4	-11.7	-4.8
Autriche	-34.9	-33.8	-37.5	-36.0	-37.8	-44.7	-42.4	-39.6	-43.7	-49.9	-51.4	-52.9	-56.2	-54.9
Belgique	-100.9	-98.5	-99.4	-96.1	-90.9	-88.8	-80.3	-74.0	-76.5	-82.9	-81.5	-83.1	-91.9	-89.9
Canada	-67.8	-64.7	-65.0	-59.1	-54.2	-48.9	-44.1	-40.9	-42.6	-49.3	-51.6	-55.7	-56.9	-53.0
Chili	..	..	..	..	..	-8.9	-0.9	6.1	18.1	7.2	1.9	4.6	1.7	1.0
République tchèque	25.4	23.4	15.1	7.0	10.1	11.5	11.7	14.5	5.8	1.4	-6.3	-6.1	-13.6	-15.2
Danemark	-25.5	-22.0	-21.1	-18.4	-14.2	-9.5	-1.1	4.6	6.7	5.9	3.3	-1.1	-6.7	-3.4
Estonie	30.2	29.1	28.6	29.5	31.9	32.0	30.8	28.4	25.9	28.8	35.9	34.0	32.0	31.2
Finlande	30.1	30.4	30.2	36.8	44.7	56.0	66.5	69.7	50.0	59.6	61.8	48.8	50.3	54.0
France	-32.5	-34.6	-39.5	-41.6	-43.0	-41.0	-35.5	-32.2	-42.6	-50.2	-54.6	-59.5	-67.4	-66.1
Allemagne	-33.2	-35.4	-39.6	-42.8	-46.5	-48.8	-47.0	-41.7	-43.3	-47.7	-48.2	-49.3	-49.1	-45.2
Grèce	-84.6	-88.7	-90.2	-83.6	-83.1	-82.2	-87.3	-82.3	-91.1	-101.8	-92.4	-73.0	-102.8	-118.7
Hongrie	-33.1	-32.4	-36.6	-37.5	-41.5	-44.5	-51.5	-52.9	-50.8	-58.7	-60.9	-62.6	-69.8	-70.4
Islande	..	..	..	-29.9	-26.8	-13.3	-7.8	0.9	-25.1	-37.6	-45.8	-51.5	-53.7	-51.8
Irlande	-14.7	-11.3	-12.9	-10.5	-7.4	-6.0	-1.3	0.2	-12.4	-25.5	-48.2	-61.2	-79.3	-81.9
Israël[1]	..	-61.5	-66.3	-69.0	-65.4	-54.8	-45.4	-45.9	-49.4	-52.9	-50.1	-51.9	-54.2	-54.3
Italie	-96.4	-96.9	-96.4	-93.2	-94.3	-95.8	-92.3	-88.8	-92.0	-102.7	-101.2	-96.1	-112.0	-118.4
Japon	-58.3	-64.2	-72.6	-77.2	-81.3	-78.6	-77.7	-82.4	-92.0	-103.4	-110.1	-124.1	-126.0	-123.1
Corée	..	..	..	..	..	..	..	..	..	..	..	30.9	30.7	32.0
Luxembourg	..	..	57.9	57.3	54.1	52.8	52.0	56.3	53.9	57.7	52.0	46.0	48.4	48.0
Mexique	..	..	..	..	..	..	..	..	..	..	..	..	..	..
Pays-Bas	-27.8	-27.4	-30.9	-32.0	-32.7	-29.9	-27.2	-23.5	-22.7	-27.4	-31.9	-36.7	-39.2	-39.6
Nouvelle-Zélande	..	..	..	..	..	..	..	..	..	..	..	..	..	..
Norvège	67.2	84.7	80.1	93.5	101.8	118.8	131.9	137.4	121.9	152.3	161.6	157.5	166.9	203.9
Pologne	..	..	..	-24.8	-22.4	-22.4	-21.3	-15.8	-16.2	-21.0	-26.6	-30.5	-31.7	-35.3
Portugal	-37.8	-40.0	-44.4	-47.2	-53.9	-55.9	-54.7	-55.0	-59.6	-70.3	-71.0	-66.6	-90.6	-98.4
République slovaque	-13.1	-10.6	-0.9	-1.5	-4.8	-9.5	-13.9	-12.9	-14.7	-21.8	-27.4	-32.2	-30.7	-32.3
Slovénie	..	15.3	13.9	9.3	9.8	8.8	10.2	18.3	7.2	2.2	0.7	-2.2	-8.6	-13.8
Espagne	-43.3	-40.5	-39.1	-35.9	-33.5	-28.5	-22.0	-17.3	-22.1	-33.2	-38.8	-47.1	-58.2	-69.9
Suède	-8.8	-4.3	-11.2	-7.4	-5.3	-0.6	9.7	14.3	8.5	15.2	17.1	14.0	17.9	18.6
Suisse	-7.3	-6.9	-12.5	-11.9	-13.8	-12.9	-9.6	-8.5	-11.7	-7.5	-10.3	-9.4	-7.1	..
Turquie	..	..	..	..	..	..	..	..	..	-21.0	-19.8	-18.6	-18.7	-15.6
Royaume-Uni	-30.8	-27.8	-30.6	-29.7	-32.0	-32.6	-32.8	-33.2	-40.2	-50.2	-55.2	-70.5	-72.1	-69.8
États-Unis	-43.0	-44.7	-51.5	-52.6	-60.6	-59.8	-57.3	-57.0	-70.0	-81.6	-90.8	-98.6	-101.4	-99.7
Zone euro	..	..	..	..	..	..	..	..	..	..	..	..	..	..
OCDE-Total	..	..	..	..	..	..	..	..	..	..	..	..	..	..
Brésil	..	..	..	..	..	..	..	..	..	..	..	..	..	..
Chine	..	..	..	..	..	..	..	..	..	..	..	..	..	..
Inde	..	..	..	..	..	..	..	..	..	..	..	..	..	..
Indonésie	..	..	..	..	..	..	..	..	..	..	..	..	..	..
Fédération de Russie	..	..	..	..	..	..	..	..	..	..	..	..	..	..
Afrique du Sud	..	..	..	..	..	..	..	..	..	..	..	..	..	..

Note : Métadonnées détaillées :
http://stats.oecd.org/OECDStat_Metadata/ShowMetadata.ashx?Dataset=NAAG_2015_NOV15&Lang=fr&Coords=[INDICATOR].[SBF90S13GDP]
1.Informations sur les données concernant Israël : http://dx.doi.org/10.1787/888932315602

StatLink http://dx.doi.org/10.1787/888933316934

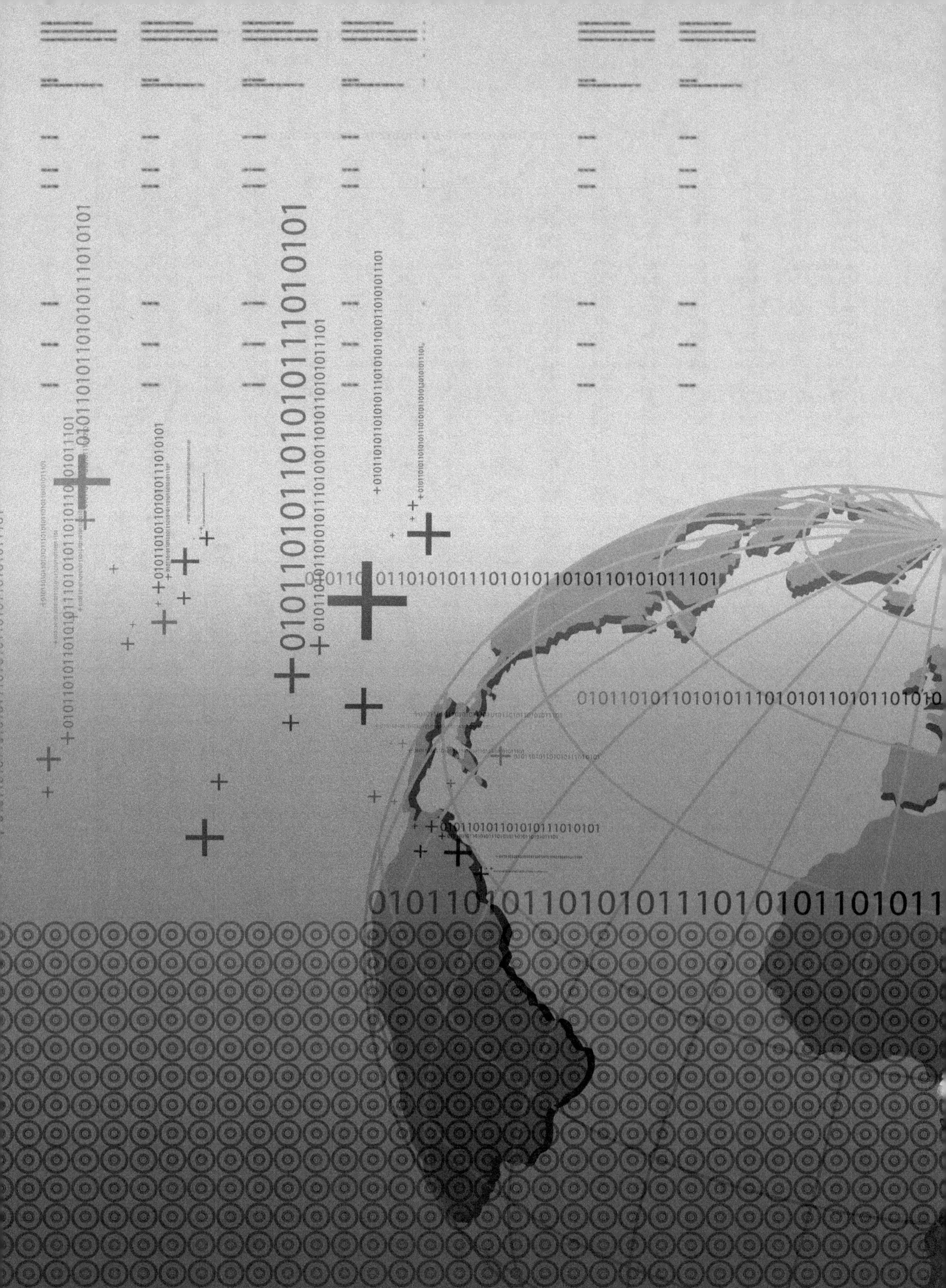

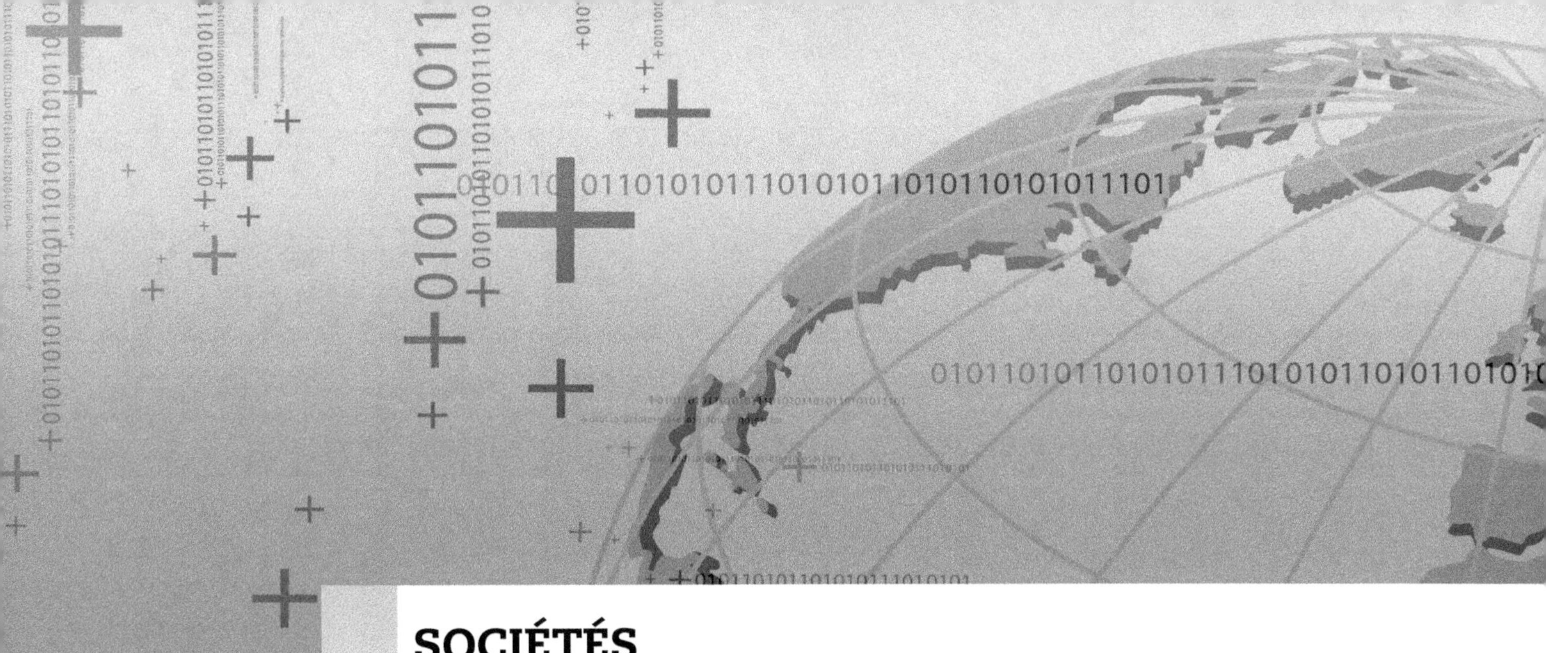

SOCIÉTÉS

Tableau 31.1. **Endettement des sociétés non financières**

Ratio de la dette sur l'excédent brut d'exploitation, nombre de fois

	2000	2001	2002	2003	2004	2005	2006	2007	2008	2009	2010	2011	2012	2013
Australie	..	..	..	..	..	..	..	..	..	..	..	..	..	..
Autriche	3.8	3.7	3.6	3.7	3.5	3.3	3.1	3.2	3.5	3.9	3.8	3.7	4.0	4.1
Belgique	4.4	4.5	4.3	4.3	4.2	3.9	3.9	4.2	5.4	5.8	5.4	5.9	6.6	6.3
Canada	..	..	..	..	..	..	..	..	..	..	..	..	..	..
Chili	..	..	..	..	..	..	..	..	4.1	3.8	3.3	3.6	3.9	4.3
République tchèque	2.7	2.3	2.3	2.3	2.0	1.9	1.9	1.8	2.1	2.2	2.3	2.3	2.3	2.4
Danemark	4.6	4.7	5.0	5.1	4.7	4.8	5.4	5.7	6.3	7.1	6.2	6.3	6.5	6.3
Estonie	2.4	2.4	2.5	2.4	2.6	2.6	2.9	3.2	3.9	4.8	3.8	3.0	3.2	3.1
Finlande	2.6	2.5	2.8	2.9	2.8	3.0	3.0	3.0	3.4	4.2	4.3	4.2	4.6	4.5
France	4.7	4.9	4.8	4.6	4.5	4.8	4.9	4.9	5.1	5.9	5.9	6.2	6.3	6.4
Allemagne	3.5	3.4	3.3	3.3	3.1	3.0	2.9	2.8	3.0	3.4	3.0	2.9	3.1	3.1
Grèce	..	..	..	..	..	..	3.2	3.2	3.5	3.8	4.0	4.0	4.0	3.7
Hongrie	3.5	3.3	2.6	3.0	2.9	3.2	3.0	3.4	3.6	4.2	3.9	3.9	3.6	3.3
Islande	..	..	..	..	..	..	..	..	..	..	..	..	..	..
Irlande	..	3.8	3.1	3.1	3.2	3.8	4.4	4.3	6.3	6.6	6.1	6.5	6.8	7.2
Israël[1]	..	3.8	4.1	3.8	3.7	3.8	3.7	3.6	3.7	3.4	3.4	3.4	3.1	2.8
Italie	2.8	2.9	3.0	3.2	3.3	3.5	3.8	4.1	4.3	4.8	4.8	4.7	5.1	5.1
Japon	8.2	8.5	8.3	7.7	7.0	6.8	7.0	6.6	6.6	7.3	6.6	7.2	6.7	6.9
Corée	..	..	..	..	..	..	..	..	..	..	..	5.6	5.7	5.7
Luxembourg	..	..	..	..	..	..	..	..	..	..	..	..	..	..
Mexique	..	..	..	1.2	1.1	1.3	1.3	1.4	1.5	1.6	1.5	1.6	1.4	1.7
Pays-Bas	6.9	6.5	6.3	6.4	5.8	5.5	5.1	4.8	4.8	5.4	5.2	5.0	5.1	5.1
Nouvelle-Zélande	..	..	..	..	..	..	..	..	..	..	..	..	..	..
Norvège	2.5	2.6	2.8	2.8	2.4	2.2	2.2	2.6	2.6	3.2	3.1	2.9	3.0	3.1
Pologne	..	..	..	2.9	2.2	2.1	2.1	2.4	2.8	2.3	2.4	2.5	2.5	2.5
Portugal	5.8	6.8	6.7	7.2	6.9	7.3	7.5	7.4	8.7	8.1	8.1	8.5	8.2	7.8
République slovaque	3.7	3.6	4.0	3.6	3.1	3.1	2.9	2.9	2.7	3.3	3.0	3.2	3.0	3.1
Slovénie	..	4.1	4.0	3.9	4.1	4.8	4.8	5.0	5.5	6.5	6.8	6.4	6.2	5.7
Espagne	3.7	4.0	4.2	4.5	4.7	5.3	6.2	6.3	5.9	5.8	5.8	5.8	5.2	4.8
Suède	5.2	5.8	5.6	5.2	4.9	5.0	4.7	5.3	6.3	7.2	5.8	5.9	6.3	6.3
Suisse	4.5	4.4	4.7	4.9	4.2	4.0	3.8	4.2	4.2	5.1	4.5	5.0	5.4	..
Turquie	..	..	..	..	..	..	..	..	..	..	..	..	..	..
Royaume-Uni	5.3	6.1	6.7	6.0	6.0	6.2	5.9	6.2	6.9	7.3	6.6	7.1	7.3	6.0
États-Unis	7.5	7.9	7.6	7.1	6.8	6.7	6.5	7.1	7.4	7.6	6.8	6.7	6.6	6.6
Zone euro	..	..	..	..	..	..	..	..	..	..	..	..	..	..
OCDE-Total	..	..	..	..	..	..	..	..	..	..	..	..	..	..
Brésil	..	..	..	..	..	..	..	..	..	..	..	..	..	..
Chine	..	..	..	..	..	..	..	..	..	..	..	..	..	..
Inde	..	..	..	..	..	..	..	..	..	..	..	..	..	..
Indonésie	..	..	..	..	..	..	..	..	..	..	..	..	..	..
Fédération de Russie	..	..	..	..	..	..	..	..	..	..	..	..	..	..
Afrique du Sud	..	..	..	..	..	..	..	..	..	..	..	..	..	..

Note : Métadonnées détaillées :
http://stats.oecd.org/OECDStat_Metadata/ShowMetadata.ashx?Dataset=NAAG_2015_NOV15&Lang=fr&Coords=[INDICATOR].[DBTS11GOSC]

1.Informations sur les données concernant Israël : http://dx.doi.org/10.1787/888932315602

StatLink http://dx.doi.org/10.1787/888933316949

32. Endettement des sociétés financières

Tableau 32.1. **Endettement des sociétés financières**

Ratio de la dette sur capitaux propres, nombre de fois

	2000	2001	2002	2003	2004	2005	2006	2007	2008	2009	2010	2011	2012	2013
Australie	5.4	5.0	5.4	5.7	5.6	5.4	5.4	5.8	7.9	7.4	8.5	9.6	9.2	8.6
Autriche	3.7	3.9	3.8	3.6	3.4	2.4	2.4	2.3	3.2	2.6	2.6	2.7	2.5	2.4
Belgique	2.6	2.6	3.0	3.0	2.7	2.7	2.5	2.4	3.1	2.6	2.5	2.6	2.7	2.4
Canada	1.6	2.1	2.2	2.0	1.9	1.9	1.8	1.7	2.3	1.9	1.7	1.8	1.7	1.6
Chili	..	..	..	..	..	10.9	9.4	8.1	7.6	7.2	7.9	8.2	8.9	8.3
République tchèque	11.4	13.5	15.3	7.6	7.0	7.3	7.4	7.2	8.2	7.2	6.4	7.1	6.2	6.1
Danemark	2.1	2.9	3.6	3.5	3.4	2.6	2.4	2.7	4.1	3.2	2.9	2.9	2.9	2.7
Estonie	2.6	2.6	2.4	3.0	2.4	2.9	4.5	4.3	4.6	5.0	4.4	4.4	4.3	3.8
Finlande	4.2	4.4	4.7	3.9	3.5	2.9	2.6	2.7	4.1	4.1	3.9	5.3	4.9	3.7
France	2.9	3.1	3.4	3.2	3.1	3.0	2.9	3.5	4.7	4.1	4.3	5.3	4.9	4.5
Allemagne	4.8	5.4	7.0	6.1	6.2	5.5	5.2	5.3	7.6	6.5	6.1	6.4	5.7	4.9
Grèce	2.2	2.9	4.0	3.3	3.1	3.0	3.0	3.2	12.2	9.2	17.3	26.5	10.6	8.8
Hongrie	2.5	1.5	1.6	1.9	2.1	1.6	1.6	1.3	1.5	1.6	1.4	1.4	1.3	1.4
Islande	..	..	..	3.9	2.9	2.8	2.8	2.8	6.9	11.9	8.4	7.8	8.9	8.4
Irlande	..	1.6	1.6	1.8	2.0	2.1	2.0	2.1	3.0	2.6	2.1	1.7	1.4	1.1
Israël[1]	..	19.2	28.6	15.7	11.9	10.6	11.1	10.9	24.7	7.3	5.8	7.5	7.1	6.7
Italie	1.8	2.4	3.1	2.9	3.0	2.9	2.9	4.0	8.2	7.6	9.8	12.9	13.2	10.4
Japon	19.9	21.3	24.9	15.0	13.9	8.8	9.3	11.1	14.6	11.9	11.6	11.8	9.3	8.5
Corée	..	..	..	..	..	..	..	..	..	..	..	7.0	6.6	6.5
Luxembourg	..	..	0.8	0.7	0.7	0.7	0.6	0.6	0.8	0.6	0.4	0.7	0.7	0.6
Mexique	..	..	..	2.8	2.6	2.3	1.8	1.9	2.0	1.9	2.0	2.0	1.9	2.0
Pays-Bas	2.6	2.8	3.3	3.3	3.3	3.3	3.0	2.7	2.8	2.2	2.1	2.0	1.9	1.6
Nouvelle-Zélande	..	..	..	..	..	..	..	..	..	..	..	..	..	..
Norvège	8.1	9.1	9.9	9.3	7.8	7.0	6.3	6.2	11.1	7.8	6.5	7.2	5.1	4.5
Pologne	..	..	..	5.0	3.8	3.4	2.8	2.7	4.9	4.3	3.8	4.6	4.0	3.6
Portugal	3.8	3.7	3.9	3.3	2.9	2.7	2.4	2.6	3.1	3.1	3.4	4.7	4.5	4.2
République slovaque	21.7	23.4	20.8	16.1	14.0	16.7	13.6	11.3	14.1	14.1	12.3	12.6	11.9	10.2
Slovénie	..	5.8	6.0	5.7	5.5	6.3	5.5	5.0	7.4	7.4	7.3	8.2	8.3	6.8
Espagne	3.2	3.5	4.1	3.8	3.6	3.8	3.8	4.4	6.7	6.2	7.0	7.6	7.9	5.9
Suède	2.6	2.9	3.6	3.1	3.0	2.9	2.7	3.0	4.7	3.5	3.2	3.5	3.1	2.8
Suisse	2.8	3.2	3.9	3.5	3.2	3.0	2.6	2.8	3.2	2.7	2.7	2.9	2.9	..
Turquie	..	..	..	..	..	..	..	..	..	3.7	3.5	5.5	4.5	6.7
Royaume-Uni	6.2	6.9	8.8	8.2	8.3	8.2	7.7	8.5	11.4	8.2	7.4	8.3	7.6	6.7
États-Unis	2.7	2.9	3.2	3.0	2.9	2.9	2.7	2.8	3.5	2.9	2.8	2.9	2.6	2.3
Zone euro	..	..	..	..	..	..	..	..	..	..	..	..	..	..
OCDE-Total	..	..	..	..	..	..	..	..	..	..	..	..	..	..
Brésil	..	..	..	..	..	..	..	..	..	..	..	..	..	..
Chine	..	..	..	..	..	..	..	..	..	..	..	..	..	..
Inde	..	..	..	..	..	..	..	..	..	..	..	..	..	..
Indonésie	..	..	..	..	..	..	..	..	..	..	..	..	..	..
Fédération de Russie	..	..	..	..	..	..	..	..	..	..	..	..	..	..
Afrique du Sud	..	..	..	..	..	..	..	..	..	..	..	..	..	..

Note : Métadonnées détaillées :
http://stats.oecd.org/OECDStat_Metadata/ShowMetadata.ashx?Dataset=NAAG_2015_NOV15&Lang=fr&Coords=[INDICATOR].[DBTEQS12]
1.Informations sur les données concernant Israël : http://dx.doi.org/10.1787/888932315602

StatLink http://dx.doi.org/10.1787/888933316952

Tableau 33.1. **Levier financier du secteur bancaire**

Ratio d'actifs sélectionnés sur les capitaux propres, nombre de fois

	2000	2001	2002	2003	2004	2005	2006	2007	2008	2009	2010	2011	2012	2013
Australie	3.6	3.4	3.7	3.8	4.0	3.9	3.8	3.9	6.6	5.2	5.6	6.2	5.7	5.0
Autriche	12.6	16.6	16.8	14.2	12.0	9.6	9.2	7.5	10.5	7.9	7.0	8.3	7.5	7.2
Belgique	14.3	12.8	17.1	17.7	15.4	14.6	13.2	13.3	24.2	18.6	15.9	17.5	13.9	12.8
Canada	1.7	2.3	2.6	2.3	2.2	2.2	2.1	2.0	2.8	2.4	2.1	2.3	2.2	2.1
Chili	..	..	..	..	..	32.2	28.0	22.4	15.9	23.6	30.1	24.9	31.3	25.6
République tchèque	27.7	22.5	35.1	12.7	11.4	12.0	12.4	11.5	12.5	10.8	8.8	10.4	9.8	10.1
Danemark	..	..	..	8.2	9.9	7.2	8.0	10.5	16.6	10.7	10.2	10.4	12.3	9.7
Estonie	4.2	4.2	3.5	3.4	2.7	3.6	8.1	8.2	7.4	9.7	8.5	9.3	8.1	7.6
Finlande	7.7	6.7	7.7	7.2	7.5	6.6	6.6	7.8	9.4	8.5	9.8	12.8	12.3	8.9
France	10.7	11.2	12.1	11.5	10.6	10.4	9.5	13.3	22.7	15.7	15.8	21.2	17.8	15.8
Allemagne	15.2	16.6	22.6	19.7	19.8	17.4	14.9	14.8	27.2	22.0	23.1	24.9	22.9	20.8
Grèce	4.9	6.2	9.0	7.3	6.1	5.0	4.4	4.2	17.2	11.9	25.6	42.1	12.9	11.5
Hongrie	11.6	11.2	9.6	8.4	7.1	7.1	6.8	7.7	13.3	11.0	11.9	12.3	12.3	12.4
Islande	..	..	..	..	..	..	..	..	..	..	..	..	..	..
Irlande	..	10.1	11.5	11.8	12.4	13.9	14.6	17.6	26.8	19.1	17.9	12.4	10.6	8.2
Israël[1]	..	22.1	36.3	22.3	17.5	12.8	13.4	13.1	30.5	9.1	6.7	10.3	10.3	11.3
Italie	3.5	5.6	7.1	5.7	5.4	4.3	3.9	6.1	20.9	15.8	22.7	39.9	33.8	23.0
Japon	30.1	28.4	35.2	18.3	17.4	10.5	12.5	16.1	21.2	17.1	17.6	17.8	12.7	11.6
Corée	..	..	..	..	..	..	..	..	..	..	..	13.8	12.8	12.7
Luxembourg	..	..	35.1	25.4	26.0	28.9	28.1	30.6	22.8	19.2	22.4	24.4	22.8	20.8
Mexique	..	..	..	..	..	..	..	..	..	..	..	..	..	..
Pays-Bas	11.5	14.3	15.9	15.9	15.9	14.9	15.6	13.4	22.8	19.8	19.5	21.0	19.6	19.1
Nouvelle-Zélande	..	..	..	..	..	..	..	..	..	..	..	..	..	..
Norvège	24.5	24.5	24.2	28.8	25.3	28.1	32.5	35.7	46.6	36.3	32.9	33.0	21.5	18.9
Pologne	..	..	..	8.2	5.4	4.9	4.0	4.1	8.4	6.7	6.6	8.6	7.3	6.2
Portugal	8.5	9.2	11.0	11.2	12.0	10.9	9.4	9.8	16.9	15.1	16.8	20.4	16.8	16.5
République slovaque	64.9	69.3	47.9	40.7	39.5	305.5	232.9	41.7	42.0	47.9	35.5	29.3	30.8	21.6
Slovénie	..	8.8	10.1	10.8	10.9	11.9	11.9	11.3	12.7	12.0	11.6	13.3	14.3	11.5
Espagne	6.3	7.6	10.6	9.8	9.4	9.5	8.5	10.2	18.4	13.2	15.8	15.2	15.9	10.8
Suède	5.2	4.8	6.4	5.5	5.4	5.3	5.1	6.1	12.2	8.0	6.8	7.9	6.9	5.8
Suisse	..	..	..	..	..	..	..	..	..	..	..	..	..	..
Turquie	..	..	9.8	6.6	5.6	3.3	4.3	3.5	7.6	4.2	4.1	6.4	5.3	8.1
Royaume-Uni	23.6	25.8	28.5	32.4	34.9	40.1	43.8	49.4	51.5	46.6	43.6	37.4	34.0	33.3
États-Unis	8.1	8.5	8.8	7.9	7.1	7.3	7.0	8.5	11.2	9.8	9.1	9.6	8.6	8.3
Zone euro	..	..	..	..	..	..	..	..	..	..	..	..	..	..
OCDE-Total	..	..	..	..	..	..	..	..	..	..	..	..	..	..
Brésil	..	..	..	..	..	..	..	..	..	..	..	..	..	..
Chine	..	..	..	..	..	..	..	..	..	..	..	..	..	..
Inde	..	..	..	..	..	..	..	..	..	..	..	..	..	..
Indonésie	..	..	..	..	..	..	..	..	..	..	..	..	..	..
Fédération de Russie	..	..	..	..	..	..	..	..	..	..	..	..	..	..
Afrique du Sud	..	..	..	..	..	..	..	..	..	..	..	..	..	..

Note : Métadonnées détaillées :

http://stats.oecd.org/OECDStat_Metadata/ShowMetadata.ashx?Dataset=NAAG_2015_NOV15&Lang=fr&Coords=[INDICATOR].[LEVS121_2_3]

1.Informations sur les données concernant Israël : http://dx.doi.org/10.1787/888932315602

StatLink http://dx.doi.org/10.1787/888933316962

34. Taux de marge et rémunération du travail dans la valeur ajoutée

Tableau 34.1. **Taux de marge et rémunération du travail des sociétés non financières**

Excédent brut d'exploitation et rémunération des salariés en pourcentage de la valeur ajoutée nette

	Rémunérations des salariés							Excédent net d'exploitation						
	2007	2008	2009	2010	2011	2012	2013	2007	2008	2009	2010	2011	2012	2013
Australie	..	..	..	..	..	..	..	..	..	..	..	..	..	..
Autriche	62.0	64.5	68.0	67.2	66.8	68.6	70.1	35.9	33.3	29.6	30.4	30.7	28.8	27.0
Belgique	73.9	76.4	80.4	78.2	79.0	80.8	81.2	28.7	26.5	23.1	25.9	25.5	23.4	23.3
Canada	..	..	..	..	..	..	..	..	..	..	..	..	..	..
Chili	..	..	..	..	..	..	..	..	..	..	..	..	..	..
République tchèque	63.8	66.0	69.5	70.3	70.1	71.4	72.2	37.7	35.5	32.7	31.5	31.4	30.3	29.4
Danemark	74.9	77.3	82.6	76.5	75.9	76.9	76.8	25.1	22.6	18.2	24.2	24.4	23.3	23.1
Estonie	60.8	67.9	73.2	65.5	59.6	60.5	61.2	39.3	32.3	27.0	35.5	41.3	40.4	39.6
Finlande	64.9	67.4	76.6	73.5	74.3	78.1	77.9	35.8	33.4	24.5	27.7	26.9	23.2	23.2
France	77.0	78.0	81.2	81.3	81.2	82.4	82.9	18.7	17.8	14.0	15.0	14.5	13.0	12.0
Allemagne	65.4	67.6	72.5	70.1	69.7	71.9	71.9	35.7	33.6	28.9	31.2	31.4	29.0	29.0
Grèce	50.0	49.0	50.6	56.2	58.1	55.7	51.4	50.4	51.3	49.8	44.3	43.0	44.7	48.7
Hongrie	67.7	67.9	70.9	68.3	67.9	69.6	65.8	32.3	32.7	29.9	32.0	32.6	30.6	33.7
Islande	..	..	..	..	..	..	..	..	..	..	..	..	..	..
Irlande	53.8	60.2	58.0	52.2	46.7	46.9	45.8	44.7	38.0	40.1	46.2	51.9	51.8	52.8
Israël[1]	65.6	65.4	62.4	62.5	63.6	61.5	60.8	31.1	31.5	34.7	34.5	33.4	35.7	36.8
Italie	63.6	65.3	69.5	69.5	70.0	72.3	72.9	32.1	30.9	27.3	27.1	26.4	23.4	23.2
Japon	..	..	..	..	..	..	..	..	..	..	..	..	..	..
Corée	..	..	..	59.1	60.4	62.2	62.5	..	..	..	39.7	38.3	36.5	36.2
Luxembourg	..	..	..	..	..	..	..	..	..	..	..	..	..	..
Mexique	27.1	26.4	30.7	28.1	26.5	26.1	27.7	71.8	72.6	68.0	70.7	72.4	72.9	71.3
Pays-Bas	65.2	66.2	71.0	68.9	69.1	69.8	69.6	35.2	34.4	30.3	31.8	31.6	30.8	30.7
Nouvelle-Zélande	51.9	55.5	54.4	53.1	53.2	54.8	..	43.4	39.8	40.4	41.8	41.6	40.1	..
Norvège	50.1	47.9	57.3	54.2	52.3	52.7	54.9	50.4	52.3	43.5	46.7	48.6	48.1	45.9
Pologne	62.8	64.5	58.6	58.9	57.8	57.8	58.6	35.6	33.8	40.1	39.7	40.8	40.9	40.5
Portugal	75.4	78.0	75.8	74.9	75.8	73.7	70.4	24.7	21.8	24.0	25.2	24.3	26.2	28.9
République slovaque	58.8	59.0	69.5	65.4	65.9	64.7	65.8	42.6	43.5	32.8	36.9	35.2	36.1	35.3
Slovénie	79.5	81.1	89.3	90.7	87.8	88.1	85.7	19.5	18.8	12.3	10.9	11.9	11.3	13.9
Espagne	75.2	73.1	72.5	72.7	73.5	71.7	70.7	25.4	27.2	27.7	27.7	26.8	28.2	29.0
Suède	61.0	63.0	69.0	63.7	64.9	67.9	68.6	27.8	25.2	19.2	25.5	24.4	20.9	20.1
Suisse	84.8	84.7	89.0	83.4	85.4	86.9	88.5	17.3	16.3	12.2	17.6	15.8	14.4	12.5
Turquie	..	..	..	..	..	..	..	..	..	..	..	..	..	..
Royaume-Uni	71.7	71.4	74.4	72.3	71.0	71.8	70.7	25.9	26.1	22.7	24.7	26.0	25.2	26.3
États-Unis	70.2	71.0	71.2	68.0	68.0	67.4	67.7	19.7	18.9	18.5	21.8	21.8	22.6	22.3
Zone euro	68.7	70.3	74.0	72.8	72.7	73.9	73.8	30.3	28.7	24.8	26.3	26.3	24.8	24.9
OCDE-Total	..	..	..	..	..	..	..	..	..	..	..	..	..	..
Brésil	..	..	..	..	..	..	..	..	..	..	..	..	..	..
Chine	..	..	..	..	..	..	..	..	..	..	..	..	..	..
Inde	..	..	..	..	..	..	..	..	..	..	..	..	..	..
Indonésie	..	..	..	..	..	..	..	..	..	..	..	..	..	..
Fédération de Russie	63.6 |	61.1	70.1	62.4	63.1	63.9	65.7	34.8 |	30.6	23.8	31.1	29.7	35.0	33.0
Afrique du Sud	..	58.6	59.8	59.8	58.7	59.6	61.6	..	39.8	38.6	38.7	39.5	38.7	36.4

Note : Métadonnées détaillées :

http://stats.oecd.org/OECDStat_Metadata/ShowMetadata.ashx?Dataset=NAAG_2015_NOV15&Lang=fr&Coords=[INDICATOR].[D1SB1NS11]

1.Informations sur les données concernant Israël : http://dx.doi.org/10.1787/888932315602

StatLink http://dx.doi.org/10.1787/888933316975

Tableau 34.2. **Taux de marge et rémunération du travail des sociétés financières**

Excédent brut d'exploitation et rémunération des salariés en pourcentage de la valeur ajoutée nette

	Rémunérations des salariés							Excédent net d'exploitation						
	2007	2008	2009	2010	2011	2012	2013	2007	2008	2009	2010	2011	2012	2013
Australie	..	..	..	..	..	..	..	..	..	..	..	..	..	..
Autriche	66.4	69.1	76.9	77.9	74.6	79.7	77.4	30.2	27.4	19.2	18.1	16.9	10.3	12.8
Belgique	75.6	85.2	68.0	57.7	55.6	54.9	56.6	19.4	8.9	27.3	37.0	36.7	34.0	33.2
Canada	..	..	..	..	..	..	..	..	..	..	..	..	..	..
Chili	..	..	..	..	..	..	..	..	..	..	..	..	..	..
République tchèque	51.8	46.2	41.0	38.3	40.7	46.5	43.6	46.2	51.9	57.2	58.7	56.5	49.9	56.0
Danemark	61.6	56.1	59.6	56.7	60.4	54.1	56.7	34.0	39.7	36.6	39.2	35.9	42.4	39.7
Estonie	37.7	32.8	48.5	44.1	44.4	42.8	44.7	57.7	65.0	51.3	54.9	53.2	57.1	55.3
Finlande	53.7	59.6	62.8	68.6	66.2	66.8	73.8	46.3	40.4	37.2	31.4	33.8	33.2	22.8
France	69.6	72.1	72.2	62.6	65.8	69.1	64.1	22.0	19.0	19.0	30.0	25.8	22.2	27.7
Allemagne	67.5	75.4	65.1	64.3	70.8	71.7	74.2	32.2	24.3	34.6	35.5	28.1	27.1	24.8
Grèce	61.1	62.6	62.0	59.2	58.9	53.6	54.5	37.0	35.3	35.9	39.3	38.7	43.8	43.1
Hongrie	62.0	67.3	60.2	60.5	55.9	61.2	63.5	38.0	32.0	39.3	23.7	28.1	21.5	20.6
Islande	..	..	..	..	..	..	..	..	..	..	..	..	..	..
Irlande	37.0	40.8	41.0	38.3	41.8	41.9	48.9	61.4	57.4	57.6	60.8	57.5	56.8	49.7
Israël[1]	47.1	47.7	40.1	40.6	39.0	40.9	41.2	46.7	46.4	54.0	53.7	55.0	53.3	53.1
Italie	49.0	50.4	53.7	52.2	50.5	50.6	46.0	45.2	44.1	41.1	42.3	43.9	43.6	46.6
Japon	..	..	..	..	..	..	..	..	..	..	..	..	..	..
Corée	..	..	..	45.4	43.2	43.7	46.7	..	..	..	54.1	56.4	55.8	52.8
Luxembourg	..	..	..	..	..	..	..	..	..	..	..	..	..	..
Mexique	24.9	26.2	25.7	26.2	27.3	27.5	25.4	72.5	71.1	71.4	70.6	69.2	68.9	71.1
Pays-Bas	73.0	71.3	51.1	43.6	46.3	42.5	46.0	25.8	27.7	48.1	55.7	53.0	55.9	52.1
Nouvelle-Zélande	52.7	47.3	37.4	45.1	43.9	42.3	..	38.7	45.0	57.2	48.1	49.7	49.2	..
Norvège	45.6	50.3	44.1	44.8	46.9	39.1	35.6	57.1	52.6	58.7	58.3	56.5	63.9	67.0
Pologne	44.2	48.3	48.5	45.3	41.5	47.5	44.7	54.7	50.3	49.9	53.4	56.5	50.1	52.8
Portugal	37.2	35.6	41.5	45.1	41.3	48.5	57.3	61.7	63.3	57.2	53.5	55.8	47.7	38.1
République slovaque	58.3	65.1	51.7	44.7	44.0	48.8	45.8	37.1	29.8	43.2	51.0	52.4	40.2	42.5
Slovénie	63.4	60.5	57.9	56.9	56.5	73.2	78.3	34.3	38.5	42.2	42.8	42.7	25.3	18.9
Espagne	49.0	47.8	45.6	61.7	65.3	61.8	72.0	50.3	51.4	53.2	35.7	31.2	28.3	19.5
Suède	56.7	56.7	46.7	51.7	48.4	46.0	43.6	31.8	31.4	43.8	36.4	40.5	42.1	45.3
Suisse	50.5	51.4	60.0	63.4	61.5	62.5	59.7	49.6	48.7	40.1	36.8	38.6	37.5	40.3
Turquie	..	..	..	..	..	..	..	..	..	..	..	..	..	..
Royaume-Uni	58.8	58.0	52.0	58.7	57.3	58.2	52.6	39.8	40.2	46.5	36.3	40.4	39.3	45.1
États-Unis	71.0	86.8	65.6	66.1	66.8	62.7	57.6	23.2	5.4	27.7	27.5	27.2	31.9	37.3
Zone euro	59.6	62.4	59.3	58.0	60.2	60.8	60.9	37.0	34.2	37.4	38.7	35.6	33.8	33.5
OCDE-Total	..	..	..	..	..	..	..	..	..	..	..	..	..	..
Brésil	..	..	..	..	..	..	..	..	..	..	..	..	..	..
Chine	..	..	..	..	..	..	..	..	..	..	..	..	..	..
Inde	..	..	..	..	..	..	..	..	..	..	..	..	..	..
Indonésie	..	..	..	..	..	..	..	..	..	..	..	..	..	..
Fédération de Russie	..	46.6	38.7	44.5	47.1	44.8	41.2	..	48.6	57.0	50.8	47.7	50.1	54.3
Afrique du Sud	..	47.5	49.4	51.4	51.5	50.4	51.4	..	51.8	49.4	47.5	47.3	48.4	47.3

Note : Métadonnées détaillées :
http://stats.oecd.org/OECDStat_Metadata/ShowMetadata.ashx?Dataset=NAAG_2015_NOV15&Lang=fr&Coords=[INDICATOR].[D1SB1NS12]

1.Informations sur les données concernant Israël : http://dx.doi.org/10.1787/888932315602

StatLink http://dx.doi.org/10.1787/888933316983

CAPITAL

35. Stock de capital net

Tableau 35.1. **Stock net de capital, volume**

Année 2010 = 100

	2000	2001	2002	2003	2004	2005	2006	2007	2008	2009	2010	2011	2012	2013
Australie	68.5	70.5	73.0	75.8	78.8	82.0	85.3	89.1	92.7	96.3	100.0	104.4	108.7	112.6
Autriche	83.9	85.8	87.4	89.2	90.9	92.5	94.1	95.9	97.7	98.9	100.0	101.4	102.7	103.9
Belgique	65.7	68.5	70.6	71.9	75.3	79.3	83.2	89.0	93.9	98.9	100.0	103.9	107.9	110.9
Canada	..	..	..	..	..	..	..	..	..	..	..	..	..	..
Chili	..	..	..	..	..	..	..	..	93.2	97.7	100.0	106.3	113.6	120.1
République tchèque	..	..	..	..	..	..	..	..	..	..	..	..	..	..
Danemark	98.1	98.3	98.0	98.2	98.0	98.2	98.9	98.4	97.8	98.7	100.0	98.9	97.8	97.2
Estonie	50.7	56.4	58.1	64.3	69.1	73.1	76.4	84.8	91.5	100.0	100.0	107.5	107.6	..
Finlande	84.4	86.1	87.5	88.9	90.4	92.1	93.7	95.9	98.0	99.0	100.0	101.2	102.1	102.6
France	95.6	96.6	97.3	97.8	97.8	98.1	97.7	98.1	97.6	99.3	100.0	99.7	100.0	101.0
Allemagne	91.9	93.3	94.2	95.0	95.7	96.3	97.2	98.3	99.3	99.5	100.0	100.7	101.4	..
Grèce	73.6	75.7	78.3	81.4	84.5	86.7	89.8	94.4	97.6	99.5	100.0	99.4	97.5	..
Hongrie	86.6	87.7	89.2	90.3	91.9	93.5	95.1	96.8	98.7	99.7	100.0	100.2	100.2	..
Islande	..	..	..	..	..	..	..	..	..	..	..	..	..	..
Irlande	..	..	..	..	..	..	..	..	..	..	..	..	..	..
Israël[1]	81.0	83.8	86.0	87.2	88.4	89.7	91.3	93.5	95.8	97.5	100.0	103.5	106.9	110.4
Italie	84.6	86.3	88.2	89.9	91.7	93.4	95.2	97.0	98.6	99.5	100.0	100.6	100.8	100.7
Japon	..	..	..	..	..	..	..	..	..	..	..	..	..	..
Corée	63.1	66.4	70.1	73.8	77.6	81.3	85.1	89.1	92.8	96.3	100.0	103.5	106.6	..
Luxembourg	..	..	..	..	..	..	..	..	..	..	..	..	..	..
Mexique	..	..	..	..	..	..	..	..	..	..	..	..	..	..
Pays-Bas	85.4	87.4	88.8	90.1	91.2	92.4	94.0	95.9	97.8	99.1	100.0	101.1	101.8	102.3
Nouvelle-Zélande	..	..	..	..	..	..	..	..	..	..	..	..	..	..
Norvège	..	..	..	..	..	..	..	..	..	..	..	..	..	..
Pologne	75.0	76.4	78.9	81.6	81.9	82.4	82.9	88.2	90.3	93.8	100.0	105.6	108.8	..
Portugal	..	..	..	..	..	..	..	..	..	..	..	..	..	..
République slovaque	..	..	..	..	86.6	89.0	91.2	92.7	95.3	99.4	100.0	102.8	103.0	105.2
Slovénie	82.6	84.3	85.5	86.7	87.9	89.7	92.2	95.8	98.4	99.8	100.0	99.8	99.2	..
Espagne	..	..	..	..	..	..	..	..	..	..	..	..	..	..
Suède	..	..	..	..	..	..	..	..	..	..	..	..	..	..
Suisse	..	..	..	..	..	..	..	..	..	..	..	..	..	..
Turquie	..	..	..	..	..	..	..	..	..	..	..	..	..	..
Royaume-Uni	..	..	..	..	..	..	..	..	..	..	..	..	..	..
États-Unis	82.4	84.6	86.5	88.5	90.7	92.8	95.1	97.2	98.7	99.3	100.0	100.8	101.7	102.8
Zone euro	..	..	..	..	..	..	..	..	..	..	..	..	..	..
OCDE-Total	..	..	..	..	..	..	..	..	..	..	..	..	..	..
Brésil	..	..	..	..	..	..	..	..	..	..	..	..	..	..
Chine	..	..	..	..	..	..	..	..	..	..	..	..	..	..
Inde	..	..	..	..	..	..	..	..	..	..	..	..	..	..
Indonésie	..	..	..	..	..	..	..	..	..	..	..	..	..	..
Fédération de Russie	..	..	..	..	..	..	..	..	..	..	..	..	..	..
Afrique du Sud	..	..	..	..	..	..	..	..	..	..	..	..	..	..

Note : Métadonnées détaillées :
http://stats.oecd.org/OECDStat_Metadata/ShowMetadata.ashx?Dataset=NAAG_2015_NOV15&Lang=fr&Coords=[INDICATOR].[AN11NVIXOB]
1.Informations sur les données concernant Israël : http://dx.doi.org/10.1787/888932315602

StatLink *http://dx.doi.org/10.1787/888933316999*

Tableau 36.1. **Consommation de capital fixe**

Pourcentage du PIB

	2000	2001	2002	2003	2004	2005	2006	2007	2008	2009	2010	2011	2012	2013
Australie	16.3	16.1	16.0	15.8	15.9	15.9	16.0	15.9	16.0	16.2	15.6	15.4	15.9	16.4
Autriche	16.3	16.6	16.7	17.0	16.9	16.8	16.6	16.4	16.7	17.6	17.5	17.3	17.6	17.8
Belgique	16.7	17.0	17.1	17.6	17.3	17.6	18.0	18.0	18.7	19.4	19.3	19.4	19.7	19.7
Canada	15.2	15.7	15.8	15.2	14.8	14.7	15.1	15.4	15.9	17.5	16.6	16.3	16.7	17.0
Chili	12.5 e	12.6 e	12.5 e	12.2 e	12.0 e	11.9 e	11.5 e	11.6 e	12.1 e	12.2 e	12.1 e	12.3 e	12.4 e	12.5 e
République tchèque	22.9	22.4	21.9	21.8	21.0	20.5	20.1	19.9	20.2	21.4	21.5	21.5	21.8	22.2
Danemark	16.2	16.7	17.0	17.5	17.3	16.9	16.7	17.2	18.2	18.2	17.7	17.6	17.9	17.9
Estonie	12.5	11.9	12.1	12.5	13.0	12.7	12.6	12.7	14.0	16.8	16.2	14.8	14.7	15.3
Finlande	16.9	17.1	17.1	17.2	17.3	17.6	17.6	17.4	17.9	19.6	18.9	18.6	19.2	19.3
France	15.2	15.4	15.6	15.8	15.9	16.1	16.4	16.5	17.1	17.8	17.7	17.8	18.0	18.1
Allemagne	16.7	16.8	17.0	17.1	17.0	17.1	16.8	16.8	17.2	18.3	17.8	17.6	17.9	17.9
Grèce	12.5 e	12.7 e	12.5 e	13.7 e	13.4 e	13.7 e	13.5	13.6	14.3	15.5	16.6	18.1	19.4	19.1
Hongrie	19.0	18.1	16.8	16.3	15.7	15.6	15.9	16.0	16.2	17.8	18.1	18.0	18.4	17.8
Islande	12.4	13.1	13.0	13.0	12.5	12.6	13.6	13.9	16.3	18.6	18.0	17.1	17.1	16.4
Irlande	11.5	11.6	11.7	12.3	12.8	13.9	15.0	14.4	14.3	14.8	15.2	14.7	15.6	15.8
Israël[1]	13.4	14.1	14.9	15.1	15.3	15.5	15.0	14.8	14.4	14.4	13.6	13.3	13.6	13.1
Italie	14.7	14.8	15.1	15.2	15.3	15.5	15.6	15.7	16.2	17.2	17.4	17.7	18.3	18.4
Japon	20.3	20.3	20.4	20.1	20.0	20.1	20.5	20.7	21.7	22.7	21.5	21.6	21.2	21.2
Corée	17.1	17.4	16.8	17.1	17.2	17.3	17.3	17.1	18.4	19.3	18.3	18.9	19.4	19.5
Luxembourg	11.8	12.8	13.3	13.3	13.1	13.1	12.4	12.1	12.6	13.7	13.0	12.9	13.2	13.0
Mexique	10.2 e	10.5 e	10.5 e	10.7	10.5	10.3	10.1	10.1	10.5	12.1	11.3	11.1	11.4	11.4
Pays-Bas	15.6	15.8	16.2	16.5	16.4	16.3	15.9	15.7	15.8	16.9	16.9	16.7	16.7	16.8
Nouvelle-Zélande	14.7	14.4	14.0	13.6	13.6	13.9	14.4	14.0	15.2	15.5	14.8	14.4	14.4	13.9
Norvège	15.1	15.3	15.7	15.3	14.6	13.8	13.5	14.1	14.1	16.3	15.9	15.6	15.5	15.7
Pologne	14.0	14.3	14.3	14.4	13.8	13.6	13.4	12.7	12.2	11.7	11.2	10.8	11.0	11.3
Portugal	15.3	15.5	15.8	16.1	16.2	16.3	16.3	16.1	16.7	17.2	17.2	17.8	18.1	17.6
République slovaque	22.3	22.2	22.2	21.9	21.0	20.7	19.4	18.1	18.1	20.1	19.8	20.0	20.2	20.6
Slovénie	19.5	19.1	18.5	18.3	18.5	18.6	18.2	17.6	17.6	19.5	19.9	20.0	21.1	21.1
Espagne	13.6	13.6	13.8	14.0	14.5	14.8	15.0	15.2	15.6	16.4	16.8	17.4	17.8	17.8
Suède	15.4	16.0	16.2	15.8	15.5	15.6	15.4	15.4	16.1	17.6	16.7	16.4	16.8	16.7
Suisse	20.2	20.8	21.4	21.6	21.3	21.0	20.5	20.2	20.4	21.4	20.8	20.7	20.7	20.9
Turquie	..	..	..	..	..	..	..	..	..	..	..	..	..	..
Royaume-Uni	13.7	14.0	14.3	14.4	14.3	14.1	14.3	14.3	13.5	13.9	13.4	13.3	13.3	13.3
États-Unis	14.7	15.1	15.1	15.0	14.9	15.1	15.4	15.6	16.1	16.4	15.9	15.8	15.7	15.8
Zone euro	..	..	15.8	16.0	16.0	16.2	16.2	16.2	16.6	17.6	17.5	17.6	17.9	17.9
OCDE-Total	15.4 e	15.7 e	15.7 e	15.7 e	15.6 e	15.6 e	15.7 e	15.8 e	16.2 e	16.9 e	16.4 e	16.3 e	16.4 e	16.5 e
Brésil	..	..	..	..	..	..	..	..	..	..	..	..	..	..
Chine	..	..	..	..	..	..	..	..	..	..	..	..	..	..
Inde	..	..	..	..	9.9	9.9	9.7	9.7	10.1	10.0	..	..	..	..
Indonésie	..	..	..	..	..	..	..	..	..	..	..	..	..	..
Fédération de Russie	8.2 e	8.1 e	7.8	7.3	6.5	6.0	5.1	4.9	4.8	5.7	5.1	4.7	4.9	4.8
Afrique du Sud	13.4	13.4	13.2	12.9	12.2	12.0	12.3	12.5	13.3	13.7	13.2	12.5	12.7	13.0

Note : Métadonnées détaillées :
http://stats.oecd.org/OECDStat_Metadata/ShowMetadata.ashx?Dataset=NAAG_2015_NOV15&Lang=fr&Coords=[INDICATOR].[K1S]
1.Informations sur les données concernant Israël : http://dx.doi.org/10.1787/888932315602

StatLink http://dx.doi.org/10.1787/888933317000

ANNEXE A

Séries de référence

Tableau A.1. **Produit intérieur brut, PPA constantes 2010**

Milliards de dollars USD

	2000	2001	2002	2003	2004	2005	2006	2007	2008	2009	2010	2011	2012	2013
Australie	691	718	740	771	796	819	850	882	897	914	936	971	995	1 020
Autriche	302	306	311	313	321	328	339	352	357	343	350	360	363	364
Belgique	365	368	374	377	391	399	409	423	426	416	427	435	436	436
Canada	1 128	1 147	1 179	1 202	1 240	1 279	1 312	1 339	1 354	1 318	1 362	1 402	1 429	1 458
Chili	207	214	219	228	243	259	273	287	297	294	311	329	347	361
République tchèque	207	214	217	225	236	251	269	283	291	277	283	289	286	285
Danemark	216	218	219	220	226	231	240	242	240	228	232	235	233	232
Estonie	20	22	23	25	26	29	32	34	32	27	28	30	32	32
Finlande	174	178	181	185	192	197	205	216	217	199	205	211	208	205
France	2 068	2 108	2 132	2 149	2 209	2 245	2 298	2 352	2 357	2 287	2 332	2 381	2 385	2 401
Allemagne	2 961	3 012	3 012	2 990	3 025	3 047	3 159	3 262	3 298	3 112	3 239	3 358	3 372	3 382
Grèce	271	282	293	310	325	327	346	357	356	341	322	293	271	263
Hongrie	177	183	192	199	209	218	226	227	229	214	216	219	216	220
Islande	9	10	10	10	11	12	12	13	13	13	12	13	13	13
Irlande	147	155	164	171	178	190	201	213	208	196	197	202	202	205
Israël[1]	160	161	161	163	171	178	189	200	206	209	221	232	238	246
Italie	1 994	2 030	2 035	2 038	2 070	2 090	2 132	2 163	2 141	2 023	2 058	2 070	2 012	1 976
Japon	4 005	4 019	4 031	4 099	4 195	4 250	4 322	4 417	4 371	4 129	4 321	4 302	4 377	4 448
Corée	977	1 021	1 097	1 129	1 184	1 231	1 294	1 365	1 404	1 413	1 505	1 561	1 596	1 643
Luxembourg	33	34	35	35	37	38	40	43	43	41	43	44	44	45
Mexique	1 432 e	1 432 e	1 443 e	1 463	1 524	1 571	1 649	1 703	1 726	1 644	1 730	1 798	1 870	1 897
Pays-Bas	653	667	668	669	683	698	722	749	762	733	743	756	748	744
Nouvelle-Zélande	105	109	114	119	124	128	132	136	133	133	135	138	141	144
Norvège	246	251	255	257	267	274	281	289	290	286	287	290	298	300
Pologne	541	548	559	579	609	631	670	718	746	766	794	834	847	857
Portugal	264	270	272	269	274	276	280	287	288	279	285	279	268	265
République slovaque	82	85	89	93	98	105	114	126	133	126	132	136	138	140
Slovénie	43	45	46	48	50	52	55	59	61	56	57	57	55	55
Espagne	1 210	1 258	1 295	1 336	1 378	1 429	1 489	1 545	1 562	1 507	1 507	1 492	1 453	1 428
Suède	318	323	329	337	352	362	379	392	389	369	391	402	401	406
Suisse	334	339	339	339	349	360	374	390	399	390	402	409	413	421
Turquie	799	754	800	842	921	998	1 067	1 117	1 124	1 070	1 168	1 271	1 298	1 352
Royaume-Uni	1 921	1 974	2 023	2 091	2 143	2 207	2 266	2 324	2 313	2 216	2 250	2 295	2 322	2 372
États-Unis	12 713	12 837	13 066	13 433	13 942	14 408	14 792	15 055	15 011	14 595	14 964	15 204	15 542	15 774
Zone euro	10 726	10 953	11 057	11 131	11 382	11 572	11 946	12 308	12 365	11 800	12 042	12 239	12 141	12 106
OCDE-Total	36 783 e	37 297 e	37 938 e	38 738	40 020	41 135	42 429	43 566	43 680	42 170	43 447	44 294	44 849	45 390
Brésil	1 937	1 962	2 022	2 047	2 163	2 231	2 320	2 459	2 583	2 577	2 772	2 880	..	..
Chine	4 470 e	4 840 e	5 280 e	5 809 e	6 395 e	7 119 e	8 021 e	9 157 e	10 039 e	10 964 e	12 110	13 236	14 249	..
Inde	..	..	..	..	..	..	..	..	..	..	..	..	..	..
Indonésie	1 209	1 253	1 309	1 372	1 441	1 523	1 606	1 708	1 811	1 896	2 017	2 142	2 271	2 398
Fédération de Russie	1 827 e	1 920 e	2 011	2 158	2 313	2 460	2 661	2 888	3 040	2 802	2 928	3 053	3 157	3 199
Afrique du Sud	425	437	453	466	487	513	542	571	589	580	598	617	631	645

Note : Métadonnées détaillées :
http://stats.oecd.org/OECDStat_Metadata/ShowMetadata.ashx?Dataset=NAAG_2015_NOV15&Lang=fr&Coords=[INDICATOR].[GDPVPVOB]
1.Informations sur les données concernant Israël : http://dx.doi.org/10.1787/888932315602

StatLink http://dx.doi.org/10.1787/888933317013

Les données statistiques concernant Israël sont fournies par et sous la responsabilité des autorités israéliennes compétentes. L'utilisation de ces données par l'OCDE est sans préjudice du statut des hauteurs du Golan, de Jérusalem-Est et des colonies de peuplement israéliennes en Cisjordanie aux termes du droit international.

Tableau A.2. **Produit intérieur brut par tête, OCDE = 100**

PPA courantes

	2000	2001	2002	2003	2004	2005	2006	2007	2008	2009	2010	2011	2012	2013
Australie	112	113	115	117	116	116	116	116	114	121	121	121	118	118
Autriche	118	115	117	117	117	114	116	115	118	120	119	121	121	119
Belgique	113	113	115	113	110	108	108	108	109	111	112	113	112	110
Canada	116	116	115	117	116	118	116	115	115	114	114	114	114	114
Chili	38	38	39	39	40	42	48	49	47	48	52	56	57	58
République tchèque	65	68	69	71	72	73	75	78	78	79	77	79	77	77
Danemark	118	117	118	114	114	112	114	114	117	117	119	119	117	116
Estonie	39	41	44	48	50	54	59	64	65	60	60	66	68	69
Finlande	106	106	107	105	107	105	106	110	114	111	109	111	108	106
France	104	106	107	102	100	100	99	100	101	103	102	103	100	99
Allemagne	106	107	107	107	106	106	107	108	110	110	113	116	115	114
Grèce	77	81	85	87	88	83	87	86	90	91	83	73	68	67
Hongrie	48	53	56	57	57	57	57	57	60	62	62	62	61	62
Islande	118	121	120	116	120	118	113	114	118	118	110	109	109	111
Irlande	118	123	129	131	132	133	136	137	126	124	123	126	123	124
Israël[1]	99	96	94	86	87	81	79	81	79	81	83	84	86	87
Italie	106	109	105	103	99	97	98	99	100	100	98	98	94	92
Japon	103	103	102	102	101	100	98	98	96	94	96	94	96	96
Corée	72	74	78	78	79	79	80	82	83	84	87	86	86	88
Luxembourg	225	217	222	221	226	220	238	243	244	237	241	250	246	247
Mexique	40 e	39 e	39 e	39	39	40	42	42	42	43	43	45	45	45
Pays-Bas	126	127	127	123	122	122	126	128	133	131	128	128	125	124
Nouvelle-Zélande	86	87	87	87	86	84	85	86	85	90	88	89	88	93
Norvège	147	146	141	142	149	159	168	167	179	166	168	173	179	174
Pologne	42 e	42 e	43 e	44 e	45 e	45 e	47 e	50 e	52 e	57 e	59 e	61 e	62 e	62 e
Portugal	71	72	72	72	70	72	74	74	75	77	77	74	73	73
République slovaque	44	47	49	51	52	54	58	63	68	68	69	69	70	70
Slovénie	71	73	75	76	78	78	80	81	85 |	81	79	78	77	76
Espagne	87	90	92	92	91	91	95	96	97	97	92	90	87	86
Suède	117	115	115	117	118	113	116	119	120	117	119	120	118	118
Suisse	136	136	135	132	130	128	133	139	144	147	146	150	150	150
Turquie	37	33	32	32	35	37	40	41	43	43	46	49	48 e	49 e
Royaume-Uni	109	111	113	113	114	114	114	110	108	107	102	101	101	102
États-Unis	145	144	143	144	144	145	143	141	139	139	138	137	138	139
Zone euro	100	102	102	100	99	98	100	101	103	103	102	102	100	99
OCDE-Total	100	100	100	100	100	100	100	100	100	100	100	100	100	100
Brésil	36	35	35	35	35	35	35	36	38	39	40	41	..	..
Chine	11	12	13	14	15	16	18	20	21	24	26	28	29	31
Inde	..	..	..	..	9	10	10	11	11	13	..	..	..	..
Indonésie	20 e	20 e	20 e	21 e	21 e	21 e	21 e	22 e	23	24	24	25 e	25 e	27 e
Fédération de Russie	27 e	28 e	30	34	35	39	46	49	58	57	58	62	65 e	67 e
Afrique du Sud	31	31	32	32	32	33	33	34	34	34	34	34	34	34

Note : Métadonnées détaillées :

http://stats.oecd.org/OECDStat_Metadata/ShowMetadata.ashx?Dataset=NAAG_2015_NOV15&Lang=fr&Coords=[INDICATOR].[GDPHCPIXOE]

1.Informations sur les données concernant Israël : http://dx.doi.org/10.1787/888932315602

StatLink http://dx.doi.org/10.1787/888933317023

Tableau A.3. **Produit intérieur brut par tête, PPA constantes 2010**

Dollars USD

	2000	2001	2002	2003	2004	2005	2006	2007	2008	2009	2010	2011	2012	2013
Australie	36 148	37 077	37 788	38 917	39 728	40 394	41 285	42 021	41 863	41 894	42 253	43 169	43 489	43 842
Autriche	37 633	37 996	38 435	38 553	39 348	39 918	41 042	42 389	42 908	41 180	41 876	42 910	43 042	42 920
Belgique	35 589	35 756	36 220	36 349	37 511	38 088	38 785	39 804	39 783	38 575	39 276	39 636	39 423	39 248
Canada	36 757	36 974	37 601	37 982	38 811	39 660	40 290	40 702	40 738	39 182	40 055	40 836	41 131	41 475
Chili	13 427	13 711	13 924	14 292	15 129	15 892	16 628	17 312	17 706	17 351	18 173	19 040	19 869	20 486
République tchèque	20 177	20 891	21 284	22 049	23 128	24 552	26 157	27 454	27 909	26 401	26 941	27 524	27 244	27 096
Danemark	40 551	40 739	40 785	40 838	41 814	42 707	44 182	44 358	43 775	41 322	41 812	42 119	41 686	41 321
Estonie	14 495	15 508	16 559	17 895	19 145	21 054	23 357	25 313	24 022	20 526	21 070	22 729	23 988	24 456
Finlande	33 529	34 316	34 808	35 418	36 701	37 593	38 967	40 814	40 917	37 354	38 296	39 099	38 359	37 754
France	33 967	34 380	34 513	34 550	35 253	35 552	36 144	36 770	36 637	35 378	35 896	36 463	36 362	36 442
Allemagne	36 032	36 576	36 513	36 237	36 669	36 945	38 357	39 658	40 157	38 014	39 622	41 061	41 158	41 187
Grèce	25 112	25 942	26 861	28 350	29 711	29 801	31 391	32 337	32 143	30 680	28 961	26 355	24 564	23 951
Hongrie	17 294	18 001	18 861	19 643	20 658	21 601	22 458	22 589	22 818	21 354	21 562	22 003	21 743	22 215
Islande	33 407	34 190	34 045	34 772	37 203	38 985	39 494	42 261	41 817	39 873	38 592	39 236	39 489	40 642
Irlande	38 541	40 161	41 809	42 708	43 818	45 555	47 184	48 324	46 271	43 247	43 223	44 174	44 115	44 634
Israël[1]	25 446	24 904	24 380	24 215	24 997	25 627	26 627	27 751	28 084	27 943	28 948	29 847	30 147	30 552
Italie	35 026	35 624	35 638	35 498	35 791	35 916	36 487	36 799	36 133	33 960	34 396	34 465	33 339	32 590
Japon	31 575	31 613	31 637	32 112	32 844	33 266	33 808	34 510	34 134	32 250	33 748	33 651	34 316	34 929
Corée	20 774	21 554	23 027	23 585	24 648	25 562	26 755	28 086	28 673	28 740	30 465	31 353	31 927	32 711
Luxembourg	75 046	75 811	77 730	77 823	80 157	81 456	84 315	89 911	87 604	81 396	84 440	84 623	81 996	83 394
Mexique	14 195 e	14 020 e	13 951 e	13 969	14 388	14 664	15 215	15 509	15 509	14 570	15 139	15 539	15 975	16 022
Pays-Bas	41 014	41 570	41 345	41 268	41 969	42 768	44 208	45 739	46 341	44 363	44 752	45 276	44 640	44 291
Nouvelle-Zélande	27 209	27 896	28 739	29 513	30 218	30 897	31 383	32 017	31 237	30 820	30 942	31 415	31 916	32 393
Norvège	54 806	55 677	56 153	56 347	58 246	59 374	60 288	61 460	60 882	59 174	58 775	58 578	59 397	59 119
Pologne	14 150 e	14 328 e	14 628 e	15 164 e	15 949 e	16 523 e	17 559 e	18 832 e	19 570 e	20 066 e	20 612 e	21 639 e	21 972 e	22 269 e
Portugal	25 700	26 015	26 072	25 732	26 135	26 287	26 647	27 257	27 272	26 435	26 924	26 471	25 508	25 359
République slovaque	15 205	15 771	16 487	17 378	18 282	19 434	21 068	23 327	24 603	23 201	24 325	25 164	25 509	25 841
Slovénie	21 855	22 470	23 296	23 944	24 973	25 927	27 297	29 033	29 945 |	27 344	27 586	27 710	26 906	26 585
Espagne	29 833	30 866	31 251	31 656	32 154	32 737	33 567	34 158	33 978	32 492	32 361	31 918	31 061	30 656
Suède	35 812	36 274	36 906	37 646	39 119	40 060	41 703	42 805	42 236	39 707	41 727	42 517	42 082	42 245
Suisse	46 075	46 540	46 269	45 952	46 938	48 080	49 725	51 350	51 894	50 172	51 121	51 670	51 699	52 012
Turquie	12 437	11 570	12 121	12 594	13 600	14 561	15 379	15 909	15 816	14 853	16 001	17 182	17 326 e	17 843 e
Royaume-Uni	32 621	33 392	34 079	35 056	35 741	36 529	37 246	37 903	37 418	35 598	35 859	36 263	36 448	37 003
États-Unis	45 018	45 007	45 377	46 221	47 540	48 677	49 503	49 903	49 292	47 503	48 302	48 704	49 419	49 784
Zone euro	33 404	33 990	34 134	34 171	34 751	35 132	36 098	36 984	36 963	35 163	35 797	36 293	35 910	35 741
OCDE-Total	31 856 e	32 080 e	32 396 e	32 845 e	33 700 e	34 399 e	35 234 e	35 908 e	35 724 e	34 252 e	35 053 e	35 520 e	35 757 e	35 987 e
Brésil	11 168	11 154	11 343	11 333	11 824	12 049	12 385	12 981	13 485	13 314	14 179	14 592	..	..
Chine	3 526 e	3 793 e	4 111 e	4 496 e	4 920 e	5 444 e	6 102 e	6 930 e	7 560 e	8 216 e	9 031	9 824	10 523	..
Inde	..	..	..	..	..	..	..	..	..	..	..	..	..	..
Indonésie	5 892	6 023	6 207	6 415	6 645	6 926	7 212	7 571	7 926	8 196	8 489	8 785 e	9 199 e	9 595 e
Fédération de Russie	12 464 e	13 154 e	13 842	14 919	16 054	17 143	18 602	20 224	21 295	19 623	20 498	21 355	22 050 e	22 399 e
Afrique du Sud	9 639	9 749	9 963	10 126	10 450	10 855	11 307	11 748	11 951	11 597	11 772	11 967	12 044	12 117

Note : Métadonnées détaillées :
http://stats.oecd.org/OECDStat_Metadata/ShowMetadata.ashx?Dataset=NAAG_2015_NOV15&Lang=fr&Coords=[INDICATOR].[GDPHVPVOB]

1.Informations sur les données concernant Israël : http://dx.doi.org/10.1787/888932315602

StatLink *http://dx.doi.org/10.1787/888933317038*

Tableau A.4. **Produit intérieur brut par tête, OCDE = 100 en 2010**

Aux niveaux de prix et PPA de 2010

	2000	2001	2002	2003	2004	2005	2006	2007	2008	2009	2010	2011	2012	2013
Australie	103	106	108	111	113	115	118	120	119	120	121	123	124	125
Autriche	107	108	110	110	112	114	117	121	122	117	119	122	123	122
Belgique	102	102	103	104	107	109	111	114	113	110	112	113	112	112
Canada	105	105	107	108	111	113	115	116	116	112	114	116	117	118
Chili	38	39	40	41	43	45	47	49	51	49	52	54	57	58
République tchèque	58	60	61	63	66	70	75	78	80	75	77	79	78	77
Danemark	116	116	116	117	119	122	126	127	125	118	119	120	119	118
Estonie	41	44	47	51	55	60	67	72	69	59	60	65	68	70
Finlande	96	98	99	101	105	107	111	116	117	107	109	112	109	108
France	97	98	98	99	101	101	103	105	105	101	102	104	104	104
Allemagne	103	104	104	103	105	105	109	113	115	108	113	117	117	117
Grèce	72	74	77	81	85	85	90	92	92	88	83	75	70	68
Hongrie	49	51	54	56	59	62	64	64	65	61	62	63	62	63
Islande	95	98	97	99	106	111	113	121	119	114	110	112	113	116
Irlande	110	115	119	122	125	130	135	138	132	123	123	126	126	127
Israël[1]	73	71	70	69	71	73	76	79	80	80	83	85	86	87
Italie	100	102	102	101	102	102	104	105	103	97	98	98	95	93
Japon	90	90	90	92	94	95	96	98	97	92	96	96	98	100
Corée	59	61	66	67	70	73	76	80	82	82	87	89	91	93
Luxembourg	214	216	222	222	229	232	241	256	250	232	241	241	234	238
Mexique	40 e	40 e	40 e	40	41	42	43	44	44	42	43	44	46	46
Pays-Bas	117	119	118	118	120	122	126	130	132	127	128	129	127	126
Nouvelle-Zélande	78	80	82	84	86	88	90	91	89	88	88	90	91	92
Norvège	156	159	160	161	166	169	172	175	174	169	168	167	169	169
Pologne	40 e	41 e	42 e	43 e	45 e	47 e	50 e	54 e	56 e	57 e	59	62 e	63 e	64 e
Portugal	73	74	74	73	75	75	76	78	78	75	77	76	73	72
République slovaque	43	45	47	50	52	55	60	67	70	66	69	72	73	74
Slovénie	62	64	66	68	71	74	78	83	85 |	78	79	79	77	76
Espagne	85	88	89	90	92	93	96	97	97	93	92	91	89	87
Suède	102	103	105	107	112	114	119	122	120	113	119	121	120	121
Suisse	131	133	132	131	134	137	142	146	148	143	146	147	147	148
Turquie	35	33	35	36	39	42	44	45	45	42	46	49	49 e	51 e
Royaume-Uni	93	95	97	100	102	104	106	108	107	102	102	103	104	106
États-Unis	128	128	129	132	136	139	141	142	141	136	138	139	141	142
Zone euro	95	97	97	97	99	100	103	106	105	100	102	104	102	102
OCDE-Total	91 e	92 e	92 e	94 e	96 e	98 e	101 e	102 e	102 e	98 e	100	101 e	102 e	103 e
Brésil	32	32	32	32	34	34	35	37	38	38	40	42	..	..
Chine	10 e	11 e	12 e	13 e	14 e	16 e	17 e	20 e	22 e	23 e	26	28	30	..
Inde	..	..	..	..	..	..	..	..	..	..	..	..	..	..
Indonésie	17	17	18	18	19	20	21	22	23	23	24	25 e	26 e	27 e
Fédération de Russie	36 e	38 e	39	43	46	49	53	58	61	56	58	61	63 e	64 e
Afrique du Sud	27	28	28	29	30	31	32	34	34	33	34	34	34	35

Note : Métadonnées détaillées :

http://stats.oecd.org/OECDStat_Metadata/ShowMetadata.ashx?Dataset=NAAG_2015_NOV15&Lang=fr&Coords=[INDICATOR].[GDPHVPIXOEOB]

1.Informations sur les données concernant Israël : http://dx.doi.org/10.1787/888932315602

StatLink http://dx.doi.org/10.1787/888933317049

Tableau A.5. **Consommation individuelle effective, prix et PPA courants**

Milliards de dollars USD

	2000	2001	2002	2003	2004	2005	2006	2007	2008	2009	2010	2011	2012	2013
Australie	373	393	424	443	476	490	514	552	561	575	605	639	665	693
Autriche	161	163	175	181	189	192	206	210	218	220	229	237	244	247
Belgique	196	202	218	215	225	226	235	242	258	260	274	288	299	303
Canada	597 e	626 e	656 e	686 e	725 e	767 e	797 e	850 e	879 e	876 e	922 e	956 e	980 e	1 011 e
Chili	93 e	97 e	101 e	107 e	118 e	130 e	150 e	165 e	178	178	199	230	251	271
République tchèque	112	120	128	134	142	145	152	163	163	169	173	181	184	188
Danemark	101	102	112	108	115	116	125	132	139	139	145	149	155	156
Estonie	10	10	12	13	14	15	17	19	19	17	18	19	20	21
Finlande	82	84	92	95	101	105	112	121	131	130	136	144	150	152
France	1 142	1 220	1 322	1 294	1 348	1 392	1 453	1 529	1 591	1 593	1 660	1 704	1 747	1 763
Allemagne	1 568	1 626	1 699	1 757	1 805	1 893	1 971	2 027	2 112	2 097	2 218	2 310	2 410	2 429
Grèce	159	175	198	199	210	214	227	241	265	262	254	234	219	220
Hongrie	92	99	113	119	122	125	130	133	138	136	140	146	148	150
Islande	6	6	6	7	7	8	8	9	9	8	8	8	9	9
Irlande	64	68	75	80	85	91	98	107	108	103	106	106	106	108
Israël[1]	92	98	105	103	111	114	118	131	133	138	146	157	166	173
Italie	1 068	1 139	1 132	1 154	1 176	1 208	1 282	1 344	1 426	1 401	1 481	1 495	1 483	1 471
Japon	2 092	2 175	2 312	2 405	2 500	2 648	2 733	2 837	2 892	2 889	3 020	3 120	3 274	3 355
Corée	503	541	603	607	629	666	716	771	806	814	864	915	956	982
Luxembourg	12	12	14	14	14	14	15	15	16	16	16	17	18	18
Mexique	758 e	792 e	831 e	866	936	1 005	1 105	1 168	1 248	1 178	1 264	1 361	1 452	1 495
Pays-Bas	336	349	383	372	387	395	422	445	468	459	454	463	469	463
Nouvelle-Zélande	58	61	65	68	73	76	81	87	91	92	96	100	104	108
Norvège	87	91	99	104	112	115	123	134	140	142	150	154	163	167
Pologne	319	330	365	368	390	401	430	484	524	551	600	641	681	692
Portugal	136	142	152	155	162	176	186	194	204	200	208	207	210	212
République slovaque	43	48	53	53	57	61	67	76	85	86	91	92	95	97
Slovénie	25	26	28	29	30	31	32	34	37	36	37	38	39	38
Espagne	633	681	757	764	812	853	921	968	1 012	981	994	993	1 007	1 002
Suède	169	172	186	190	198	199	210	225	237	237	245	254	262	266
Suisse	154	161	171	170	178	180	188	202	216	220	225	234	246	252
Turquie	455 e	441 e	469 e	481 e	542 e	602 e	650 e	697 e	767 e	774 e	871 e	972 e	1 000 e	1 049 e
Royaume-Uni	1 241	1 313	1 425	1 462	1 588	1 642	1 728	1 764	1 776	1 735	1 685	1 703	1 782	1 814
États-Unis	7 413	7 769	8 083	8 496	9 030	9 608	10 162	10 659	10 975	10 826	11 200	11 693	12 100	12 516
Zone euro	..	..	..	..	..	..	..	..	..	..	..	..	..	..
OCDE-Total	20 349 e	21 333 e	22 564 e	23 300 e	24 606 e	25 903 e	27 366 e	28 733 e	29 824 e	29 539 e	30 733 e	31 961 e	33 094 e	33 892 e
Brésil	..	..	..	..	..	..	..	..	..	..	..	..	..	..
Chine	..	..	..	..	..	..	..	..	..	..	..	..	..	..
Inde	..	..	..	..	..	..	..	..	..	..	..	..	..	..
Indonésie	..	..	..	..	..	..	..	..	..	..	..	..	..	..
Fédération de Russie	637 e	703 e	843	898	1 019	1 137	1 359	1 569	1 864	1 833	1 946	2 176	2 440	2 686
Afrique du Sud	238	250	260	272	298	324	350	382	396	396	404	437	462	482

Note : Métadonnées détaillées :
http://stats.oecd.org/OECDStat_Metadata/ShowMetadata.ashx?Dataset=NAAG_2015_NOV15&Lang=fr&Coords=[INDICATOR].[P41CPC]

1.Informations sur les données concernant Israël : http://dx.doi.org/10.1787/888932315602

StatLink http://dx.doi.org/10.1787/888933317053

Tableau A.6. **Consommation individuelle effective, prix et PPA constants 2010**

Milliards de dollars USD

	2000	2001	2002	2003	2004	2005	2006	2007	2008	2009	2010	2011	2012	2013
Australie	427	441	459	483	505	520	543	567	572	585	605	622	633	646
Autriche	198	200	203	206	210	215	220	223	226	228	229	232	234	234
Belgique	239	242	244	246	250	252	256	261	266	268	274	276	278	280
Canada	690 e	708 e	732 e	752 e	774 e	799 e	829 e	861 e	887 e	892 e	922 e	939 e	956 e	974 e
Chili	122 e	126 e	128 e	134 e	143 e	153 e	164 e	176 e	184	184	199	205	199	188
République tchèque	132	137	143	150	154	157	162	167	172	172	173	173	171	172
Danemark	123	124	127	128	133	137	141	143	145	143	145	145	145	145
Estonie	12	13	14	15	16	18	20	21	21	18	18	18	19	20
Finlande	107	110	113	117	121	125	129	133	135	133	136	139	140	139
France	1 384	1 417	1 449	1 474	1 504	1 539	1 571	1 609	1 619	1 629	1 660	1 671	1 674	1 685
Allemagne	2 081	2 112	2 102	2 109	2 117	2 129	2 158	2 167	2 190	2 204	2 218	2 249	2 271	2 287
Grèce	203	211	221	232	239	249	256	266	275	270	254	230	211	205
Hongrie	120	125	134	145	148	152	155	154	153	144	140	141	138	139
Islande	7 e	7 e	7 e	7 e	8 e	9 e	9 e	9 e	9 e	8 e	8 e	8 e	8 e	8 e
Irlande	77	82	85	88	92	97	103	110	110	106	106	105	104	104
Israël[1]	106	110	112	112	117	121	126	136	138	140	146	151	155	161
Italie	1 386	1 404	1 409	1 422	1 438	1 457	1 477	1 493	1 482	1 465	1 481	1 478	1 427	1 395
Japon	2 716	2 766	2 803	2 821	2 856	2 902	2 932	2 964	2 947	2 941	3 020	3 040	3 112	3 174
Corée	609 e	644 e	698 e	697 e	701 e	731 e	768 e	807 e	821 e	828 e	864 e	892 e	911 e	930 e
Luxembourg	13	13	14	14	14	15	15	15	16	16	16	16	17	17
Mexique	990 e	1 014 e	1 029 e	1 050	1 106	1 153	1 214	1 249	1 274	1 199	1 264	1 324	1 386	1 417
Pays-Bas	399	408	416	419	422	426	438	447	453	452	454	456	451	446
Nouvelle-Zélande	69	71	75	79	83	88	89	93	92	94	96	98	100	103
Norvège	107	110	114	118	123	128	134	140	143	145	150	153	157	160
Pologne	416	425	441	448	467	479	501	532	564	584	600	614	619	627
Portugal	185	187	189	190	194	198	200	204	207	204	208	200	190	188
République slovaque	60	63	66	68	70	74	78	85	90	90	91	89	89	89
Slovénie	29	30	31	32	33	33	34	36	37	37	37	37	37	35
Espagne	782	809	837	859	898	938	974	1 010	1 013	992	994	972	936	907
Suède	202	205	210	214	218	223	228	235	236	238	245	249	250	254
Suisse	194	198	200	201	205	208	210	215	217	221	225	227	233	238
Turquie	589 e	552 e	579 e	633 e	701 e	754 e	791 e	835 e	833 e	818 e	871 e	936 e	935 e	983 e
Royaume-Uni	1 385	1 437	1 493	1 546	1 599	1 647	1 678	1 724	1 721	1 682	1 685	1 690	1 721	1 753
États-Unis	9 185	9 428	9 673	9 953	10 307	10 648	10 952	11 191	11 166	11 023	11 200	11 409	11 601	11 854
Zone euro	..	..	..	..	..	..	..	..	..	..	..	..	..	..
OCDE-Total	25 336 e	25 929 e	26 555 e	27 172 e	27 974 e	28 779 e	29 562 e	30 282 e	30 416 e	30 155 e	30 733 e	31 187 e	31 509 e	31 957 e
Brésil	..	..	..	..	..	..	..	..	..	..	..	..	..	..
Chine	..	..	..	..	..	..	..	..	..	..	..	..	..	..
Inde	..	..	..	..	..	..	..	..	..	..	..	..	..	..
Indonésie	..	..	..	..	..	..	..	..	..	..	..	..	..	..
Fédération de Russie	943 e	1 021 e	1 099	1 173	1 296	1 437	1 589	1 787	1 954	1 866	1 946	2 059	2 185	2 273
Afrique du Sud	272	282	293	302	320	337	364	388	397	389	404	422	435	447

Note : Métadonnées détaillées :
http://stats.oecd.org/OECDStat_Metadata/ShowMetadata.ashx?Dataset=NAAG_2015_NOV15&Lang=fr&Coords=[INDICATOR].[P41VPVOB]
1.Informations sur les données concernant Israël : http://dx.doi.org/10.1787/888932315602

StatLink http://dx.doi.org/10.1787/888933317066

Tableau A.7. **Population, concept national**

Milliers

	2000	2001	2002	2003	2004	2005	2006	2007	2008	2009	2010	2011	2012	2013
Australie	19 120	19 361	19 582	19 804	20 024	20 283	20 591	20 979	21 423	21 827	22 144	22 482	22 878	23 271
Autriche	8 012	8 042	8 082	8 118	8 169	8 225	8 268	8 295	8 322	8 341	8 361	8 389	8 426	8 477
Belgique	10 246	10 281	10 330	10 373	10 417	10 474	10 543	10 622	10 707	10 790	10 883	10 978	11 054	11 105
Canada	30 686	31 021	31 358	31 642	31 938	32 242	32 571	32 888	33 246	33 629	34 005	34 343	34 752	35 154
Chili	15 398	15 572	15 746	15 919	16 093	16 267	16 433	16 598	16 763	16 929	17 093	17 267	17 450	17 640
République tchèque	10 273	10 224	10 201	10 202	10 207	10 234	10 267	10 323	10 430	10 491	10 517	10 497	10 509	10 511
Danemark	5 338	5 357	5 376	5 390	5 403	5 419	5 437	5 460	5 493	5 523	5 547	5 570	5 591	5 613
Estonie	1 401	1 393	1 384	1 375	1 366	1 359	1 351	1 343	1 338	1 336	1 333	1 330	1 325	1 320
Finlande	5 176	5 188	5 201	5 213	5 228	5 246	5 266	5 289	5 313	5 339	5 363	5 388	5 414	5 439
France	60 872	61 317	61 764	62 202	62 661	63 133	63 574	63 967	64 324	64 655	64 974	65 294	65 595	65 881
Allemagne	82 188	82 340	82 482	82 520	82 501	82 464	82 366	82 263	82 120	81 875	81 757	81 779	81 917	82 103
Grèce	10 806	10 862	10 902	10 928	10 955	10 987	11 020	11 048	11 078	11 107	11 121	11 105	11 045	10 965
Hongrie	10 211	10 188	10 159	10 130	10 107	10 087	10 071	10 056	10 038	10 023	10 000	9 972	9 920	9 893
Islande	281	285	288	289	293	296	304	311	319	319	318	319	321	324
Irlande	3 804	3 864	3 932	3 997	4 067	4 160	4 270	4 400	4 496	4 539	4 560	4 577	4 590	4 602
Israël[1]	6 304	6 457	6 591	6 714	6 837	6 961	7 088	7 219	7 351	7 482	7 621	7 763	7 907	8 056
Italie	56 942	56 980	57 100	57 413	57 845	58 191	58 428	58 787	59 242	59 578	59 830	60 060	60 339	60 646
Japon	126 831	127 132	127 400	127 634	127 734	127 755	127 838	127 980	128 045	128 034	128 043	127 831	127 552	127 333
Corée	47 008	47 357	47 622	47 859	48 039	48 138	48 372	48 598	48 949	49 182	49 410	49 779	50 004	50 220
Luxembourg	437	442	447	452	459	466	473	481	489	498	508	519	532	545
Mexique	100 896	102 122	103 418	104 720	105 952	107 151	108 409	109 787	111 299	112 853	114 256	115 683	117 054	118 395
Pays-Bas	15 922	16 043	16 147	16 223	16 276	16 317	16 341	16 378	16 440	16 526	16 612	16 693	16 752	16 800
Nouvelle-Zélande	3 865	3 900	3 970	4 045	4 101	4 148	4 197	4 235	4 271	4 318	4 363	4 393	4 418	4 460
Norvège	4 491	4 513	4 539	4 565	4 591	4 622	4 661	4 706	4 769	4 827	4 889	4 953	5 019	5 080
Pologne	38 256 e	38 251 e	38 232 e	38 195 e	38 180 e	38 161 e	38 132 e	38 116 e	38 116 e	38 153 e	38 517 e	38 526 e	38 534 e	38 502 e
Portugal	10 290	10 363	10 420	10 459	10 484	10 503	10 522	10 543	10 558	10 568	10 573	10 558	10 515	10 457
République slovaque	5 401	5 380	5 379	5 379	5 382	5 387	5 391	5 397	5 406	5 418	5 430	5 398	5 406	5 413
Slovénie	1 989	1 992	1 995	1 996	1 997	2 001	2 008	2 019	2 022 |	2 042	2 049	2 053	2 057	2 060
Espagne	40 554	40 766	41 424	42 196	42 859	43 663	44 361	45 236	45 983	46 368	46 563	46 736	46 766	46 593
Suède	8 872	8 896	8 925	8 958	8 994	9 030	9 081	9 148	9 220	9 299	9 378	9 449	9 519	9 600
Suisse	7 249	7 280	7 334	7 388	7 438	7 482	7 525	7 589	7 680	7 775	7 856	7 912	7 997	8 089
Turquie	64 252	65 133	66 008	66 873	67 723	68 566	69 395	70 215	71 095	72 050	73 003	73 950	74 899 e	75 774 e
Royaume-Uni	58 886	59 113	59 366	59 637	59 950	60 413	60 827	61 319	61 824	62 260	62 759	63 285	63 705	64 106
États-Unis	282 398	285 225	287 955	290 626	293 262	295 993	298 818	301 696	304 543	307 240	309 808	312 172	314 499	316 839
Zone euro	321 103	322 245	323 927	325 755	327 537	329 385	330 934	332 789	334 519	335 585	336 387	337 229	338 086	338 725
OCDE-Total	1 154 656 e	1 162 637 e	1 171 054 e	1 179 434 e	1 187 533 e	1 195 824 e	1 204 198 e	1 213 291 e	1 222 713 e	1 231 193 e	1 239 444 e	1 247 003 e	1 254 261 e	1 261 268 e
Brésil	173 448	175 885	178 276	180 619	182 911	185 151	187 335	189 463	191 532	193 544	195 498	197 397	..	..
Chine	1 267 430	1 276 270	1 284 530	1 292 270	1 299 880	1 307 560	1 314 480	1 321 290	1 328 020	1 334 500	1 340 910	1 347 350	1 354 040	1 360 720
Inde	..	..	..	..	1 089 000	1 106 000	1 122 000	1 138 000	1 154 000	1 170 000	1 194 623 e	1 210 980 e	1 227 193 e	1 243 337 e
Indonésie	205 132	207 995	210 898	213 841	216 826	219 852	222 747	225 642	228 523	231 370	237 641	243 802 e	246 864 e	249 866 e
Fédération de Russie	146 597	145 977	145 307	144 649	144 067	143 519	143 050	142 805	142 742	142 785	142 850	142 961	143 170 e	142 834 e
Afrique du Sud	44 108	44 801	45 448	46 034	46 641	47 270	47 922	48 597	49 296	50 021	50 772	51 550	52 356	53 192

Note : Métadonnées détaillées :
http://stats.oecd.org/OECDStat_Metadata/ShowMetadata.ashx?Dataset=NAAG_2015_NOV15&Lang=fr&Coords=[INDICATOR].[POPNC]

1.Informations sur les données concernant Israël : http://dx.doi.org/10.1787/888932315602

StatLink http://dx.doi.org/10.1787/888933317077

Tableau A.8. **Parités de pouvoir d'achat du PIB**

Monnaie nationale par dollar USD

	2000	2001	2002	2003	2004	2005	2006	2007	2008	2009	2010	2011	2012	2013
Australie	1.31	1.33	1.34	1.36	1.37	1.39	1.40	1.43	1.48	1.44	1.50	1.51	1.52	1.52
Autriche	0.900	0.917	0.896	0.883	0.874	0.886	0.856	0.867	0.852	0.844	0.841	0.835	0.839	0.844
Belgique	0.891	0.885	0.865	0.877	0.896	0.900	0.882	0.887	0.874	0.858	0.854	0.840	0.843	0.850
Canada	1.23	1.22	1.23	1.23	1.23	1.21	1.21	1.21	1.23	1.20	1.22	1.24	1.25	1.25
Chili	286	292	299	307	321	334	322	326	343	353	357	348	350	355
République tchèque	14.2	14.2	14.3	14.0	14.3	14.3	14.0	13.9	14.3	13.9	14.0	13.4	13.4	13.4
Danemark	8.40	8.46	8.30	8.52	8.40	8.59	8.32	8.23	8.01	7.83	7.76	7.60	7.66	7.67
Estonie	0.455	0.477	0.477	0.480	0.486	0.502	0.520	0.555	0.549	0.524	0.524	0.524	0.539	0.551
Finlande	0.994	1.011	1.003	1.009	0.975	0.977	0.949	0.941	0.918	0.903	0.911	0.908	0.918	0.932
France	0.939	0.918	0.905	0.936	0.940	0.923	0.902	0.893	0.882	0.861	0.857	0.844	0.853	0.854
Allemagne	0.966	0.955	0.942	0.916	0.896	0.867	0.837	0.831	0.812	0.809	0.796	0.784	0.786	0.794
Grèce	0.678	0.671	0.660	0.688	0.695	0.714	0.699	0.719	0.701	0.697	0.702	0.700	0.688	0.645
Hongrie	107.8	110.6	114.9	120.3	126.3	128.6	128.4	131.3	129.4	125.6	125.5	124.8	127.9	129.3
Islande	84.3	88.9	91.3	94.4	94.2	99.1	107.1	113.1	117.4	125.0	131.8	134.8	136.7	138.2
Irlande	0.961	0.992	1.004	1.013	1.006	1.010	0.984	0.958	0.952	0.892	0.843	0.832	0.832	0.832
Israël[1]	3.449	3.425	3.463	3.628	3.534	3.717	3.789	3.716	3.867	3.964	3.971	3.945	3.964	4.006
Italie	0.817	0.807	0.845	0.853	0.872	0.867	0.833	0.817	0.789	0.779	0.780	0.769	0.764	0.762
Japon	155	150	144	140	134	130	125	120	117	115	112	107	105	104
Corée	747	757	770	792	794	789	772	770	786	825	841	855	860	860
Luxembourg	0.939	0.948	0.934	0.941	0.922	0.953	0.914	0.924	0.906	0.907	0.922	0.894	0.898	0.915
Mexique	6.09	6.30	6.55	6.80	7.17	7.13	7.19	7.35	7.47	7.43	7.67	7.67	7.93	8.04
Pays-Bas	0.892	0.906	0.902	0.926	0.909	0.896	0.868	0.857	0.842	0.841	0.849	0.830	0.830	0.829
Nouvelle-Zélande	1.44	1.47	1.47	1.50	1.51	1.54	1.48	1.51	1.49	1.47	1.49	1.49	1.48	1.47
Norvège	9.12	9.17	9.11	9.10	8.98	8.90	8.69	8.78	8.75	8.96	9.01	8.98	8.90	9.20
Pologne	1.84	1.86	1.83	1.84	1.86	1.87	1.84	1.84	1.86	1.86	1.82	1.83	1.83	1.82
Portugal	0.699	0.705	0.708	0.705	0.716	0.684	0.661	0.660	0.649	0.633	0.632	0.620	0.593	0.589
République slovaque	0.525	0.521	0.528	0.554	0.572	0.566	0.555	0.546	0.533	0.511	0.510	0.518	0.519	0.513
Slovénie	0.531	0.565	0.588	0.614	0.611	0.612	0.607	0.629	0.634	0.644	0.641	0.630	0.615	0.608
Espagne	0.734	0.739	0.733	0.752	0.759	0.765	0.735	0.728	0.720	0.709	0.717	0.704	0.688	0.680
Suède	9.13	9.34	9.35	9.32	9.10	9.38	9.08	8.88	8.77	8.92	9.00	8.85	8.82	8.81
Suisse	1.85	1.84	1.77	1.77	1.75	1.74	1.66	1.60	1.55	1.52	1.51	1.43	1.40	1.38
Turquie	0.283	0.428	0.613	0.772	0.812	0.831	0.847	0.864	0.890	0.912	0.941	0.992	1.051	1.112
Royaume-Uni	0.64	0.63	0.63	0.64	0.63	0.64	0.63	0.65	0.65	0.66	0.69	0.70	0.70	0.70
États-Unis	1	1	1	1	1	1	1	1	1	1	1	1	1	1
Zone euro	0.876	0.868	0.866	0.870	0.869	0.857	0.829	0.822	0.806	0.795	0.793	0.782	0.781	0.781
OCDE-Total	..	..	..	..	..	..	..	..	..	..	..	..	..	..
Brésil	0.77	0.82	0.90	1.00	1.05	1.09	1.13	1.16	1.23	1.31	1.40	1.47	1.52	1.61
Chine	2.74	2.74	2.71	2.73	2.84	2.86	2.88	3.02	3.19	3.15	3.32	3.51	3.51	3.52
Inde	10.13	10.22	10.44	10.63	10.94	11.05	11.41	11.75	12.52	13.18	14.19	15.11	15.91	16.76
Indonésie	1 509.79	1 686.98	1 759.40	1 819.59	1 922.48	2 129.69	2 357.25	2 554.84	2 960.70	3 181.20	3 402.69	3 606.57	3 699.95	3 803.35
Fédération de Russie	7.30	8.32	9.27	9.87	11.55	12.74	12.61	13.98	14.34	14.02	15.82	17.35	18.04	18.43
Afrique du Sud	2.77	2.92	3.19	3.30	3.41	3.49	3.60	3.79	4.02	4.32	4.60	4.77	4.90	5.11

Note : Métadonnées détaillées :

http://stats.oecd.org/OECDStat_Metadata/ShowMetadata.ashx?Dataset=NAAG_2015_NOV15&Lang=fr&Coords=[INDICATOR].[PPPGDP]

1.Informations sur les données concernant Israël : http://dx.doi.org/10.1787/888932315602

StatLink http://dx.doi.org/10.1787/888933317085

Tableau A.9. **Parités de pouvoir d'achat de la consommation individuelle effective**

Monnaie nationale par dollar USD

	2000	2001	2002	2003	2004	2005	2006	2007	2008	2009	2010	2011	2012	2013
Australie	1.31	1.32	1.31	1.34	1.33	1.37	1.42	1.43	1.46	1.50	1.51	1.51	1.51	1.51
Autriche	0.872	0.889	0.847	0.848	0.841	0.864	0.845	0.862	0.856	0.863	0.849	0.857	0.855	0.865
Belgique	0.860	0.865	0.822	0.856	0.853	0.886	0.891	0.903	0.897	0.899	0.891	0.880	0.875	0.880
Canada	1.21	1.21	1.22	1.23	1.21	1.21	1.23	1.22	1.24	1.27	1.26	1.27	1.28	1.29
Chili	334	342	348	351	344	346	331	335	352	358	364	353	354	356
République tchèque	12.8	12.7	12.7	12.8	12.9	13.1	13.1	13.1	14.0	13.8	13.6	13.2	13.1	13.0
Danemark	8.27	8.48	8.08	8.57	8.53	8.86	8.65	8.48	8.38	8.39	8.35	8.24	8.13	8.17
Estonie	0.405	0.433	0.421	0.436	0.444	0.477	0.505	0.545	0.555	0.541	0.531	0.539	0.542	0.555
Finlande	1.009	1.033	0.993	1.019	0.997	1.006	0.987	0.962	0.945	0.952	0.950	0.954	0.945	0.954
France	0.885	0.866	0.830	0.880	0.879	0.888	0.887	0.882	0.875	0.871	0.862	0.858	0.849	0.853
Allemagne	0.924	0.922	0.889	0.877	0.864	0.840	0.827	0.820	0.807	0.819	0.794	0.787	0.775	0.787
Grèce	0.672	0.657	0.622	0.668	0.675	0.711	0.714	0.726	0.710	0.720	0.715	0.715	0.701	0.659
Hongrie	94.4	99.9	101.0	109.9	114.6	119.7	121.2	125.4	126.6	125.1	122.0	122.0	124.1	124.8
Islande	84.4	91.0	91.9	95.8	96.3	100.3	106.2	109.5	120.0	132.1	133.8	135.7	137.1	140.1
Irlande	0.948	0.987	0.990	1.004	1.006	1.015	1.027	1.033	1.048	1.001	0.943	0.953	0.944	0.945
Israël[1]	3.769	3.742	3.691	3.754	3.669	3.744	3.856	3.799	4.007	4.002	4.074	4.038	4.006	4.089
Italie	0.823	0.803	0.834	0.849	0.864	0.874	0.857	0.844	0.813	0.817	0.791	0.800	0.795	0.791
Japon	161	156	147	140	135	129	126	122	119	116	113	109	106	105
Corée	742	769	774	796	801	809	804	801	816	837	840	850	849	852
Luxembourg	0.925	0.940	0.891	0.910	0.923	1.001	0.975	1.004	0.997	1.022	1.053	1.043	1.032	1.051
Mexique	5.75	6.07	6.20	6.53	6.72	6.84	6.79	6.96	7.09	7.43	7.64	7.69	7.86	8.04
Pays-Bas	0.834	0.851	0.821	0.869	0.855	0.861	0.848	0.839	0.829	0.843	0.867	0.866	0.862	0.876
Nouvelle-Zélande	1.40	1.40	1.41	1.44	1.44	1.49	1.46	1.45	1.43	1.47	1.47	1.48	1.47	1.46
Norvège	9.31	9.48	9.20	9.30	9.22	9.50	9.43	9.31	9.46	9.72	9.78	9.92	9.79	10.05
Pologne	1.73	1.77	1.71	1.73	1.76	1.80	1.79	1.73	1.76	1.79	1.73	1.74	1.71	1.69
Portugal	0.700	0.707	0.697	0.706	0.709	0.689	0.680	0.685	0.679	0.673	0.669	0.651	0.612	0.606
République slovaque	0.472	0.469	0.460	0.498	0.523	0.526	0.535	0.524	0.521	0.517	0.500	0.506	0.503	0.498
Slovénie	0.514	0.547	0.553	0.590	0.598	0.613	0.612	0.629	0.642	0.667	0.662	0.656	0.637	0.632
Espagne	0.706	0.704	0.673	0.706	0.720	0.739	0.736	0.750	0.745	0.749	0.751	0.750	0.723	0.712
Suède	9.02	9.23	8.97	9.15	9.08	9.36	9.25	9.08	8.92	9.15	9.29	9.26	9.15	9.27
Suisse	1.89	1.87	1.76	1.80	1.77	1.79	1.76	1.70	1.64	1.63	1.63	1.59	1.54	1.53
Turquie	0.273	0.397	0.542	0.715	0.779	0.818	0.874	0.917	0.922	0.944	0.969	1.016	1.069	1.138
Royaume-Uni	0.62	0.61	0.60	0.62	0.60	0.62	0.62	0.64	0.66	0.67	0.72	0.74	0.73	0.74
États-Unis	1	1	1	1	1	1	1	1	1	1	1	1	1	1
Zone euro	0.844	0.836	0.814	0.835	0.835	0.836	0.828	0.825	0.813	0.818	0.804	0.803	0.792	0.794
OCDE-Total	..	..	..	..	..	..	..	..	..	..	..	..	..	..
Brésil	..	..	..	..	..	..	..	..	..	..	..	..	..	..
Chine	..	..	..	..	..	..	..	..	..	..	..	..	..	..
Inde	..	..	..	..	..	..	..	..	..	..	..	..	..	..
Indonésie	..	..	..	..	..	..	..	..	..	..	..	..	..	..
Fédération de Russie	6.00	7.14	7.59	8.58	9.67	10.96	11.25	12.06	12.71	13.66	14.37	14.84	14.93	15.10
Afrique du Sud	2.85	3.00	3.27	3.37	3.49	3.56	3.68	3.85	4.11	4.36	4.67	4.77	4.93	5.13

Note : Métadonnées détaillées :
http://stats.oecd.org/OECDStat_Metadata/ShowMetadata.ashx?Dataset=NAAG_2015_NOV15&Lang=fr&Coords=[INDICATOR].[PPPP41]
1.Informations sur les données concernant Israël : http://dx.doi.org/10.1787/888932315602

StatLink http://dx.doi.org/10.1787/888933317099

Tableau A.10. **Taux de change**

Monnaie nationale par dollar USD

	2000	2001	2002	2003	2004	2005	2006	2007	2008	2009	2010	2011	2012	2013
Australie	1.72	1.93	1.84	1.54	1.36	1.31	1.33	1.20	1.19	1.28	1.09	0.97	0.97	1.04
Autriche	1.085	1.118	1.063	0.886	0.805	0.804	0.797	0.731	0.683	0.720	0.755	0.719	0.778	0.753
Belgique	1.085	1.118	1.063	0.886	0.805	0.804	0.797	0.731	0.683	0.720	0.755	0.719	0.778	0.753
Canada	1.49	1.55	1.57	1.40	1.30	1.21	1.13	1.07	1.07	1.14	1.03	0.99	1.00	1.03
Chili	540	635	689	691	610	560	530	522	522	561	510	484	486	495
République tchèque	38.6	38.0	32.7	28.2	25.7	24.0	22.6	20.3	17.1	19.1	19.1	17.7	19.6	19.6
Danemark	8.08	8.32	7.89	6.59	5.99	6.00	5.95	5.44	5.10	5.36	5.62	5.37	5.79	5.62
Estonie	1.084	1.117	1.062	0.886	0.805	0.804	0.797	0.731	0.683	0.719	0.755	0.719	0.778	0.753
Finlande	1.085	1.118	1.063	0.886	0.805	0.804	0.797	0.731	0.683	0.720	0.755	0.719	0.778	0.753
France	1.085	1.118	1.063	0.886	0.805	0.804	0.797	0.731	0.683	0.720	0.755	0.719	0.778	0.753
Allemagne	1.085	1.118	1.063	0.886	0.805	0.804	0.797	0.731	0.683	0.720	0.755	0.719	0.778	0.753
Grèce	1.072	1.118	1.063	0.886	0.805	0.804	0.797	0.731	0.683	0.720	0.755	0.719	0.778	0.753
Hongrie	282.2	286.5	257.9	224.3	202.7	199.6	210.4	183.6	172.1	202.3	207.9	201.1	225.1	223.7
Islande	78.6	97.4	91.7	76.7	70.2	63.0	70.2	64.1	87.9	123.6	122.2	116.0	125.1	122.2
Irlande	1.085	1.118	1.063	0.886	0.805	0.804	0.797	0.731	0.683	0.720	0.755	0.719	0.778	0.753
Israël[1]	4.077	4.206	4.738	4.554	4.482	4.488	4.456	4.108	3.588	3.932	3.739	3.578	3.856	3.611
Italie	1.085	1.118	1.063	0.886	0.805	0.804	0.797	0.731	0.683	0.720	0.755	0.719	0.778	0.753
Japon	108	122	125	116	108	110	116	118	103	94	88	80	80	98
Corée	1 131	1 291	1 251	1 192	1 145	1 024	955	929	1 102	1 277	1 156	1 108	1 126	1 095
Luxembourg	1.085	1.118	1.063	0.886	0.805	0.804	0.797	0.731	0.683	0.720	0.755	0.719	0.778	0.753
Mexique	9.46	9.34	9.66	10.79	11.29	10.90	10.90	10.93	11.13	13.51	12.64	12.42	13.17	12.77
Pays-Bas	1.085	1.118	1.063	0.886	0.805	0.804	0.797	0.731	0.683	0.720	0.755	0.719	0.778	0.753
Nouvelle-Zélande	2.20	2.38	2.16	1.72	1.51	1.42	1.54	1.36	1.42	1.60	1.39	1.27	1.23	1.22
Norvège	8.80	8.99	7.98	7.08	6.74	6.44	6.41	5.86	5.64	6.29	6.04	5.60	5.82	5.88
Pologne	4.35	4.09	4.08	3.89	3.66	3.24	3.10	2.77	2.41	3.12	3.02	2.96	3.26	3.16
Portugal	1.085	1.118	1.063	0.886	0.805	0.804	0.797	0.731	0.683	0.720	0.755	0.719	0.778	0.753
République slovaque	1.528	1.605	1.505	1.221	1.071	1.030	0.986	0.820	0.709	0.720	0.755	0.719	0.778	0.753
Slovénie	0.929	1.013	1.003	0.864	0.803	0.804	0.797	0.731	0.683	0.720	0.755	0.719	0.778	0.753
Espagne	1.085	1.118	1.063	0.886	0.805	0.804	0.797	0.731	0.683	0.720	0.755	0.719	0.778	0.753
Suède	9.16	10.33	9.74	8.09	7.35	7.47	7.38	6.76	6.59	7.65	7.21	6.49	6.78	6.51
Suisse	1.69	1.69	1.56	1.35	1.24	1.25	1.25	1.20	1.08	1.09	1.04	0.89	0.94	0.93
Turquie	0.625	1.226	1.507	1.501	1.426	1.344	1.428	1.303	1.302	1.550	1.503	1.675	1.796	1.904
Royaume-Uni	0.66	0.69	0.67	0.61	0.55	0.55	0.54	0.50	0.54	0.64	0.65	0.62	0.63	0.64
États-Unis	1	1	1	1	1	1	1	1	1	1	1	1	1	1
Zone euro	1.085	1.118	1.063	0.886	0.805	0.804	0.797	0.731	0.683	0.720	0.755	0.719	0.778	0.753
OCDE-Total	..	..	..	..	..	..	..	..	..	..	..	..	..	..
Brésil	1.83	2.35	2.92	3.08	2.93	2.43	2.18	1.95	1.83	2.00	1.76	1.67	1.95	2.16
Chine	8.28	8.28	8.28	8.28	8.28	8.19	7.97	7.61	6.95	6.83	6.77	6.46	6.31	6.20
Inde	44.94	47.19	48.61	46.58	45.32	44.10	45.31	41.35	43.51	48.41	45.73	46.67	53.44	58.60
Indonésie	8 421.78	10 260.90	9 311.19	8 577.13	8 938.85	9 704.74	9 159.32	9 141.00	9 698.96	10 389.90	9 090.43	8 770.43	9 386.63	10 461.24
Fédération de Russie	28.13	29.17	31.35	30.69	28.81	28.28	27.19	25.58	24.85	31.74	30.37	29.38	30.84	31.84
Afrique du Sud	6.94	8.61	10.54	7.56	6.46	6.36	6.77	7.05	8.26	8.47	7.32	7.26	8.21	9.66

Note : Métadonnées détaillées :
http://stats.oecd.org/OECDStat_Metadata/ShowMetadata.ashx?Dataset=NAAG_2015_NOV15&Lang=fr&Coords=[INDICATOR].[EXC]
1.Informations sur les données concernant Israël : http://dx.doi.org/10.1787/888932315602

StatLink *http://dx.doi.org/10.1787/888933317103*

ANNEXE B

Le SCN 2008 : changements par rapport au SCN 1993

Les indicateurs pour tous les pays de l'OCDE, à l'exception du Chili, du Japon et de la Turquie, présentés dans cette publication sont fondés sur le Système de Comptabilité Nationale 2008 (SCN 2008). Ce nouveau système de comptabilité nationale, finalisé en 2009, a été adopté par la plupart des pays de l'OCDE à la fin de 2014. Le SCN 2008 comporte un certain nombre de changements par rapport à la version du *SCN 1993* dont certains ont un impact significatif sur les indicateurs présentés et sont discutés ci-dessous

Changements affectant les niveaux de revenus, etc., à l'échelle de l'ensemble de l'économie

Les pays mettent également à profit ces révisions méthodologiques majeures pour redéfinir en profondeur leurs estimations, actualiser leurs sources statistiques ou améliorer leurs méthodes (révisions statistiques). Il est important de souligner que pour certains pays l'impact des changements dus à des révisions statistiques peut être supérieur à celui des révisions dues à l'adoption du SCN 2008. L'impact général des changements sur le niveau de PIB, résultant de (i) l'adoption du nouveau système et (ii) de la révision statistique est de 3.8 pour cent pour le total de l'OCDE en 2010. Cela varie de 0.2 pour cent au Luxembourg à 7.6 pour cent aux Pays-Bas ou 7.8 pour cent en Corée. Pour le total de l'OCDE, l'impact moyen des changements liés au passage au SCN 2008 est de 3.1 pour cent tandis que l'impact de la révision statistique est de 0.7 pour cent, soit 17.0 pour cent de l'impact total, avec une variation énorme entre les pays.

Plus d'information sur les changements du SCN 2008 (en anglais uniquement) se référer à: *www.oecd.org/std/na/new-standards-for-compiling-national-accounts-SNA2008-OECDSB20.pdf*.

Recherche et développement expérimental : La R-D est comptabilisée pour la première fois comme un actif produit. Ceci signifie également que les paiements au titre de l'acquisition de brevets, traités comme une acquisition ou une cession d'actifs non financiers non produits dans le SCN 1993, seront désormais traités comme des transactions sur un actif produit, la R-D. Ce changement a également des retombées sur la valeur ajoutée brute dans la mesure où le SCN 2008 recommande également que les producteurs de R-D soient comptabilisés comme un établissement distinct chaque fois que possible. Voir aussi le Manuel de l'OCDE intitulé *Handbook on Deriving Capital Measures of Intellectual Property Products*. L'inclusion directe de la R-D en tant qu'actif de capital représente pour tous les pays de l'OCDE le plus grand changement sur le niveau du PIB suite à l'introduction du SCN 2008, variant entre 0.5 pour cent au Luxembourg et en Pologne et jusqu'à 4.0 pour cent en Finlande et en Suède.

Dans le SCN 1993 les dépenses de R-D faites par l'administration sont déjà comptabilisées dans sa production (laquelle est estimée par la somme des coûts) et en conséquence comme consommation finale des administrations publiques. Ainsi, pour l'administration, l'impact direct de la capitalisation implique simplement une reclassification des dépenses de consommation finale vers la formation brute de capital fixe. Cependant de manière indirecte la production et donc le PIB croîtront car une partie des coûts de l'administration inclut une imputation pour amortissement, lequel inclut désormais une composante pour le stock de capital de R&D du gouvernement.

Systèmes d'armement: Les systèmes d'armement militaire tels que les véhicules, navires de guerre, etc., utilisés de manière continue pour la production de services de défense (et de dissuasion) sont comptabilisés comme des actifs fixes dans le SCN 2008 (dans le SCN 1993, ils n'étaient comptabilisés en tant qu'actifs fixes que s'ils pouvaient avoir une double utilisation, militaire et civile, faute de quoi ils étaient inclus dans la consommation intermédiaire). Certains éléments ayant un seul usage comme par exemple certains types de missiles balistiques dotés d'une forte capacité de destruction, mais qui rendent des services de dissuasion sur une base continue, sont également comptabilisés dans les actifs fixes dans le SCN 2008. Comme la majorité, pour ne pas dire la totalité de ces dépenses sont prises en charge par l'État (dont la production est généralement évaluée en faisant la somme des coûts), le PIB n'augmentera que de la nouvelle consommation de capital fixe y afférent. La reconnaissance des systèmes d'armements militaires comme dépenses de capital produit un impact sur le niveau du PIB assez variable entre les pays : tandis qu'il n'y pas d'impact en Ireland ou en Nouvelle Zélande, le PIB augmente de 0.5 et 0.6 pour cent aux États-Unis et en Grèce, respectivement, en 2010. L'impact sur le total de l'OCDE est en moyenne de 0.3 pour cent en 2010.

Services d'intermédiation financière indirectement mesurés (SIFIM): La méthode recommandée dans le *SCN 2008* pour le calcul des SIFIM implique plusieurs changements par rapport à celle qui était préconisée par le *SCN 1993*. Par exemple, il est explicitement recommandé que les SIFIM ne s'appliquent qu'aux prêts et dépôts fournis ou reçus par les institutions financières, et que pour les intermédiaires financiers tous les prêts et dépôts soient inclus, et non uniquement ceux des fonds d'intermédiation. Par ailleurs, le SCN 2008 n'autorise plus les pays à comptabiliser les SIFIM en tant que secteur d'activité fictif.

Services financiers: Le *SCN 2008* définit de manière plus explicite les services financiers pour garantir que des services tels que la gestion du risque financier ou la transformation de liquidités seront bien pris en compte.

Production des banques centrales: Le *SCN 2008* fournit des précisions supplémentaires sur la mesure des SIFIM lors du calcul de la production des banques centrales. Lorsque les banques centrales prêtent ou empruntent à des taux inférieurs ou supérieurs au taux de prêt/d'emprunt réel du marché, le *SCN 2008* recommande de comptabiliser, selon le cas, soit un impôt prélevé, soit une subvention versée par le prêteur/l'emprunteur à l'administration pour rendre compte de la différence entre les deux taux. Parallèlement, un transfert courant (la contrepartie de l'impôt/de la subvention) est comptabilisé entre l'administration et la Banque centrale. Ces flux auront un impact sur la répartition du revenu dans le revenu national par rapport au traitement préconisé dans le SCN 1993.

Production des services d'assurance dommages: La méthodologie utilisée pour estimer indirectement cette activité dans le *SCN 1993* (les primes, plus les suppléments de primes moins les sinistres) risquait d'aboutir à des séries extrêmement volatiles (et négatives) en cas de pertes catastrophiques. Le *SCN 2008* recommande une approche de mesure indirecte différente, qui reflète mieux les structures de tarification utilisées par les entreprises d'assurance et la fourniture sous-jacente de services d'assurance en soi. Pour faire simple, on pourrait la qualifier d'approche d'anticipation a priori. La production est égale aux primes auxquelles on ajoute les suppléments de primes attendus et dont on déduit les sinistres attendus. Le SCN 2008 recommande également que les sinistres exceptionnellement importants qui suivent une catastrophe soient comptabilisés dans les transferts en capital plutôt que dans les transferts courants, ce qui aura un impact sur les estimations du revenu disponible (en particulier les estimations sectorielles).

Évaluation de la production pour usage final propre: Le SCN 2008 recommande qu'en l'absence de prix de marché comparables, les estimations de la production pour usage final propre incluent une composante au titre du rendement du capital dans le cadre de l'approche de la somme des coûts. En revanche, aucun rendement du capital ne doit être inclus pour les producteurs non marchands.

Coûts de transfert de propriété: Le SCN 1993 recommandait que ces coûts (traités comme de la FBCF dans les comptes) soient passés en charges sur la durée de vie de l'actif concerné. Le SCN 2008 recommande au contraire que ces coûts soient passés en charges sur la période pendant laquelle il est prévu que l'actif sera détenu par son acheteur. Ce changement aura un impact sur les mesures du revenu net, mais des retombées marginales sur les mesures brutes, reflétant le calcul de production pour usage final propre et la production des administrations (qui est calculée comme la somme des coûts, amortissements compris).

Réaffectation de revenu, etc., entre les catégories

Biens envoyés à l'étranger pour transformation: Le SCN 2008 recommande que les importations et les exportations soient comptabilisées sur la base stricte de leur propriété, ce qui signifie que les différentes valeurs d'un flux de biens passant d'un pays (qui en reste le propriétaire) à un autre pays rendant des services de transformation ne doivent pas être comptabilisées. Seule la charge encourue au titre du service de transformation doit apparaître dans les statistiques commerciales. Le SCN 1993 imputait un changement réel de propriété.

Courtage de marchandises : Selon le SCN 1993 et la BPM5, le courtage de marchandises—l'achat et la revente subséquente des biens à l'étranger sans transformation substantielle et sans que les biens n'entrent ou ne sortent du territoire du courtier—est classifié comme un service de transaction. Ce traitement cause des déséquilibres généraux dans les biens et services car alors que le courtier enregistre une exportation de service, le pays acquéreur des biens enregistre lui une importation de biens. Aussi, le SCN 2008 et la BPM6 recommande de classifier le courtage en marchandise comme un composant du commerce de biens. L'acquisition des biens par le courtier sont enregistrés comme exportations négatives de l'économie de ce dernier, et la revente subséquente des biens par le courtier sont enregistrés comme exportations positives. La différence entre les ventes et les achats des biens issus de l'opération de courtage, sont enregistrés dans une nouvelle catégorie du BPM6 « exportations nettes de biens faisant l'objet d'un négoce international » de l'économie du courtier.

(Pensions) Régimes à prestations définies : Selon le SCN 1993, les cotisations sociales réelles acquittées par les employeurs et les salariés devaient refléter les montants effectivement versés. Le SCN 2008 diffère au sens où il prend en compte le fait que les montants effectivement mis de côté peuvent ne pas correspondre à la dette envers les salariés. De ce fait, il recommande que la cotisation des employeurs reflète l'augmentation de la valeur réelle nette des droits à pension plus les coûts facturés par le fonds de pension moins les cotisations propres du salarié. Ce changement entraînera un déplacement de revenu entre l'excédent brut d'exploitation et la rémunération des salariés ainsi qu'entre les différents secteurs institutionnels (sociétés/administrations et ménages).

Dans certains cas, un régime de retraite à prestations définies peut être insuffisamment capitalisé ce qui implique qu'il a trop peu d'actifs financiers pour espérer les rendements nécessaires pour payer dans le futur les pensions promises. Les pensions promises constituent des actifs du secteur institutionnel des ménages et des dettes du régime de retraite, ou de l'employeur s'il n'y a pas de régime autonome. Selon le SCN 1993, seules les obligations relatives aux régimes de retraite capitalisés devraient être enregistrées comme un passif. Cependant, le nouveau SCN 2008 reconnait l'importance des engagements des régimes de retraite des employeurs, qu'ils soient capitalisés ou non. Pour les régimes de retraite des administrations publiques en tant qu'employeurs, les pays ont une certaine flexibilité pour enregistrer ou non leurs engagements de retraite au sein des tableaux officiels de comptabilité nationale. Cependant, la totalité de l'information est requise dans le nouveau tableau standard (SCN tableau 17.10) qui présente les obligations et les flux associés de tous les régimes de retraites, qu'ils soient privés ou publics, par capitalisation ou répartition, y compris le régime de retraite de la sécurité sociale.

Activités auxiliaires : Le SCN 2008 recommande que dans les cas où l'activité d'une unité exerçant des activités purement auxiliaires est statistiquement observable (comptes distincts, emplacements séparés), l'unité concernée doit être comptabilisée comme un établissement distinct.

Sociétés holdings : Le SCN 2008 recommande que les sociétés holdings soient toujours affectées au secteur des entreprises financières, même si leurs filiales sont des entreprises non financières. Le SCN 1993 au contraire recommandait qu'elles soient incluses dans le secteur institutionnel dans lequel la majorité de leurs filiales étaient concentrées.

Versements exceptionnels de sociétés publiques : Le SCN 2008 recommande que ces paiements soient comptabilisés comme des retraits du capital lorsqu'ils sont effectués à partir de réserves cumulées ou de cessions d'actifs. Avec le SCN 1993, ces transactions devaient être comptabilisées comme des dividendes.

Versements exceptionnels des administrations à des sociétés semi-publiques : Le SCN 2008 recommande que ces versements soient traités comme des transferts en capital lorsqu'ils sont destinés à couvrir des pertes cumulées et comme des augmentations des fonds propres lorsqu'on peut raisonnablement en attendre un rendement sous la forme de revenu de la propriété. Le SCN 1993 traitait l'ensemble de ces versements comme des augmentations de capital.

ORGANISATION DE COOPÉRATION ET DE DÉVELOPPEMENT ÉCONOMIQUES

L'OCDE est un forum unique en son genre où les gouvernements œuvrent ensemble pour relever les défis économiques, sociaux et environnementaux liés à la mondialisation. À l'avant-garde des efforts engagés pour comprendre les évolutions du monde actuel et les préoccupations qu'elles suscitent, l'OCDE aide les gouvernements à y faire face en menant une réflexion sur des thèmes tels que le gouvernement d'entreprise, l'économie de l'information et la problématique du vieillissement démographique. L'Organisation offre aux gouvernements un cadre leur permettant de confronter leurs expériences en matière d'action publique, de chercher des réponses à des problèmes communs, de recenser les bonnes pratiques et de travailler à la coordination des politiques nationales et internationales.

Les pays membres de l'OCDE sont : l'Allemagne, l'Australie, l'Autriche, la Belgique, le Canada, le Chili, la Corée, le Danemark, l'Espagne, l'Estonie, les États-Unis, la Finlande, la France, la Grèce, la Hongrie, l'Irlande, l'Islande, Israël, l'Italie, le Japon, le Luxembourg, le Mexique, la Norvège, la Nouvelle-Zélande, les Pays-Bas, la Pologne, le Portugal, la République slovaque, la République tchèque, le Royaume-Uni, la Slovénie, la Suède, la Suisse et la Turquie. L'Union européenne participe aux travaux de l'OCDE.

Les Éditions OCDE assurent une large diffusion aux travaux de l'Organisation. Ces derniers comprennent les résultats de l'activité de collecte de statistiques, les travaux de recherche menés sur des questions économiques, sociales et environnementales, ainsi que les conventions, les principes directeurs et les modèles développés par les pays membres.

ÉDITIONS OCDE, 2, rue André-Pascal, 75775 PARIS CEDEX 16
(30 2015 07 2 P) ISBN 978-92-64-25047-5 – 2016

www.ingramcontent.com/pod-product-compliance
Lightning Source LLC
LaVergne TN
LVHW081418110826
845149LV00010B/1782

* 9 7 8 9 2 6 4 2 5 0 4 7 5 *